願望
加速成真

當3分鐘未來日記,遇見吸引力法則

どんなとき、
人は願いが叶うのか?
実踐「引き寄せ」大全

濱田真由美、山田弘美——著

謝如欣——譯

THE ART OF BELIEVING -How to Guide Practicing the Law of Attraction-

〔前言〕
實踐，體驗，創造人生！

「在潛意識深處，藏著能提供無窮智慧、力量，
以及一切必要之物的無盡源頭。
只要敞開心胸，活用那些資源，所有夢想皆能實現。」

這是改變我們人生的約瑟夫・墨菲著作裡所寫的內容，非常有衝擊性。

在人生的艱難時期，我們決定相信潛意識的力量。經過嘗試後，奇蹟真的發生了！真由美經歷同時吸引了結婚和留學的神奇體驗；弘美突然運動神經變好，還藉著轉換跑道實現了夢想的生活方式。但在那之後，我們不免產生疑問：「那些『奇蹟』真的是潛意識的力量，還是單純的偶然？」於是後來的35年間，我們為了檢驗**願望實現和沒實現時，究竟有何不同**，不斷反覆實踐和體驗。

吸引力法則是什麼？其實很簡單，就是**你打從心底（潛意識）相信的事（不管希不希望）都會成為現實**。

本書以科學實證為基礎，透過淺顯的方式解說吸引力法則的機制，以便讀者實踐和體驗。

至於當時尚未解開的「意念實現的機制」，也因為腦科學

和心理學的結合，以及量子力學的發達，而進一步明朗化。幸虧在這個時代能用科學證據說明箇中原理，才讓本書得以問世。

在了解科學根據、閱讀經驗分享的過程中，說不定你會開始認為吸引力法則是無稽之談的說法，反而更迷信、更不合理。

透過本書，你會想起原本的力量，更加確定心中有無窮的能量，能自由創造豐富又幸福的人生。當你想起自己的力量，自然也會把幸福和富足擴散到周圍的人身上。

那麼，要怎樣才能讓自己相信「我也有能力自由創造豐富又幸福的美好人生」呢？光靠頭腦理解不夠，還必須親身體驗，而且不只體驗一兩次，而是要重複體驗很多次，才能產生信心，化為信念；再透過新的信念，讓你的現實發生變化。

連我們都忍不住想：「真想把這本書送給當時的自己！明明只要一年，就能變得富足又幸福！」所以在這裡，先傳授「是我的話會這麼使用」的本書活用法。

1 / 把第1篇到第123篇迅速瀏覽一遍

先大致了解本書的架構，看到在意的地方，可以用便利貼或螢光筆做記號。

> 希望你在本階段達成的目標！

☑ 大致掌握吸引力法則發生的原因。
☑ 「想試看看！」「有點好奇」是重點。

前言｜實踐，體驗，創造人生！

2 / 決定一件「想試看看！」「有點好奇」的事物，在便條紙寫下「標題、重點、小練習」，以「我的書籤」為名記在腦中。

如果便條紙增加，可以整合成一個書籤。

> 希望你在本階段達成的目標！
> ☑ 視覺化與強化「期待實現的心情」。

3 / 訂定十分鐘的吸引時間，比如起床後馬上開始，然後每天閱讀一篇，實行小練習，並在頁碼上畫○。

這麼做的目的，是透過「我的書籤」上所寫的吸引目標，從多方面實行並實現其他122篇的內容。我們可以多用點心思，比如吸引成功就記下來，便條增加就更新「我的書籤」等。

※ 只要決定開始時間，要養成習慣就很容易。

> 希望你在本階段達成的目標！
> ☑ 每天在固定的時間，散發希望、期待、感謝等好頻率。
> ☑ 體驗吸引力法則成功的感受。

4 / 在第二次閱讀和實踐的頁碼畫◎，第三次畫◉。
（123篇×3＝369天，約1年）

> 希望你在
> 本階段達成
> 的目標！

- ☑ 達成數次的吸引體驗。
- ☑ 成為吸引力法則高手。
- ☑ 散發好心情的頻率，擁有幸福、安定的思維和情緒。

　　希望各位把本書當成愛用的辭典，有空就隨手翻開，再次閱讀和實踐。
　　那麼，現在我們就馬上來實踐吸引力法則吧！

前言｜實踐，體驗，創造人生！　　007

我的書籤

建議使用系統手帳的活頁紙。

使用時，就像「書籤」一樣夾在本書裡。

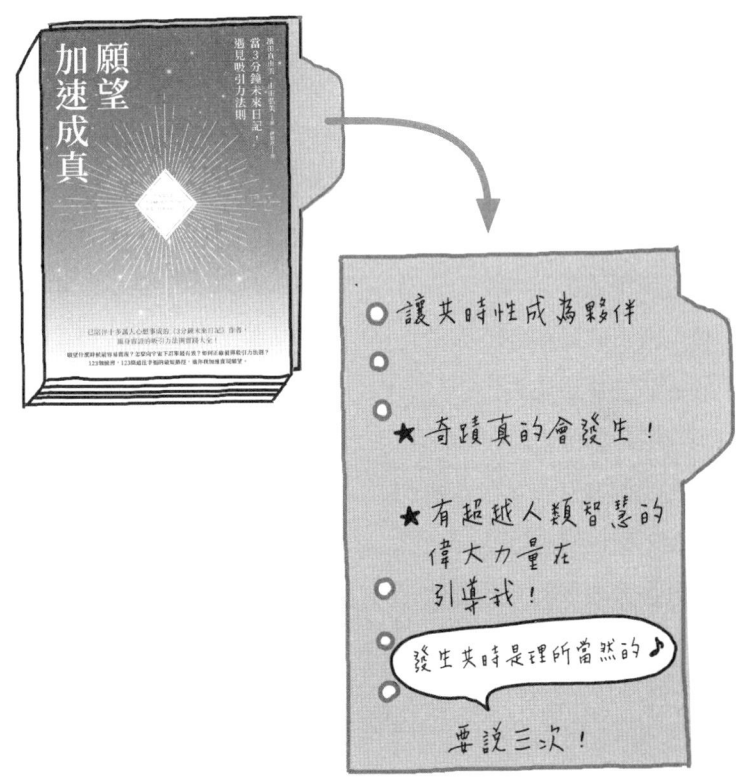

閱讀和實踐，會促進實現的機率。

目次
CONTENTS

〔前言〕實踐，體驗，創造人生！　　　　　　　　　003

基礎篇
吸引力法則需要什麼？

何謂「吸引力法則」？

1・每個人都正在使用吸引力法則　　　　　　　　016
2・從腦科學看吸引力法則　　　　　　　　　　　018
3・潛意識正驅動著你的人生！　　　　　　　　　020
4・願望無法實現的理由　　　　　　　　　　　　022
5・如何發揮火災現場的蠻力　　　　　　　　　　024
6・拋開成見後這種事也做得到　　　　　　　　　026
7・從此你的世界就能隨心所欲　　　　　　　　　028
8・你真正想吸引的是什麼？　　　　　　　　　　030

改寫潛意識的方法

9・用顯意識改寫潛意識　　　　　　　　　　　　032
10・篩選來自五感的資訊　　　　　　　　　　　　034
11・描繪你期望的世界　　　　　　　　　　　　　036

12・隨時都有好心情　　　　　　　　　　　038
13・使用正確的語言　　　　　　　　　　040

改寫信念、觀念的方法

14・如何消除「反正做不到」的想法　　　042
15・透過肯定句植入潛意識　　　　　　　046
16・創造正向的口頭禪　　　　　　　　　048
17・你相信的一切會在人生中發生！　　　050

「吸引」的三個步驟

18・用三個步驟實現夢想　　　　　　　　052
19・首先要「下訂」　　　　　　　　　　054
20・加速實現的下訂方式　　　　　　　　056
21・徵兆會透過五感到來　　　　　　　　058
22・確實接收潛意識發出的直覺的祕訣　　060
23・有感覺就要行動！　　　　　　　　　062
24・願望要怎麼實現，不是你能掌握的　　064

實踐篇
願望實現時，你會發生什麼事？

許下中性的願望

25・為何願望越強烈越難實現？　　　　　068
26・用內心不抗拒的事物來練習　　　　　070

27・用集體潛意識連結香蕉　072
28・試著下訂很多很多夢想　074
29・相信直覺的建議　076

相信直覺

30・聽從直覺而非思考　078
31・簡單分辨直覺和思考的方法　080
32・出自生理反應的莫名選擇　082
33・「感、動法則」　084
34・重視違和感　086
35・從夢裡汲取訊息　088

保持好心情

36・這樣做就會好事連連　090
37・如何擺脫討厭的情緒　092
38・被誇獎時要說謝謝　094

想像的訣竅

39・人人都能發揮想像力的簡易方法　096
40・為何不期望的事會馬上實現？　098
41・孩童都是想像高手　100
42・最適合想像的時間　102
43・如何讓自己覺得「今天是美好的一天」　104
44・「沒有沒有模式」和「我有我有模式」　106
45・圖像＋語言，同時運用左右腦　108

「吸引」的小技巧

- 46・觀察「心智游移」帶來的效果 … 110
- 47・不努力就能實現夢想的簡單方法 … 112
- 48・願望容易實現的頻率 … 114
- 49・一口氣改寫潛意識的絕招 … 116
- 50・用「吞口水法」了解內心的抗拒 … 118
- 51・快樂結局添加法 … 120
- 52・將夢境的指示用在實現願望上 … 122
- 53・哼歌對吸引力法則很有效 … 124
- 54・「未來合成照」的實驗 … 126
- 55・試著建立「未來資料夾」 … 128
- 56・「未來遊記」的建議 … 130
- 57・創造感謝腦的方法 … 132

「只說好事」

- 58・說到底還是「做」與「不做」的問題 … 134
- 59・是「都怪～」,還是「多虧～」? … 136
- 60・用想像力提高視角,謀求解決方式 … 138
- 61・羨慕別人時應有的心態 … 140
- 62・現在發生的一切是必要的、必然的、最好的 … 142
- 63・過去可以改變! … 144
- 64・奇蹟發生的機制 … 146
- 65・感覺到共時就馬上行動 … 148

應用篇
這種時候就用這個方法

工作和收入

- 66・想要的全部都能得到！ 152
- 67・如何吸引想要的工作 154
- 68・成功轉職的絕招 156
- 69・工作不需要自我犧牲的美德 158
- 70・你對工作和金錢有什麼看法？ 160
- 71・在人生中找到天命的方法 162
- 72・重要的不是願望實現的方式，而是實現後的情景 164
- 73・努力有反效果的原因 166
- 74・用不經意看到的事物提升自己的表現 168
- 75・經營計畫也能靠吸引力法則 170
- 76・提高波動就會生意興隆 172
- 77・將比金錢重要的事物視為目的的練習 174
- 78・想像完成的景象，所需的一切就會聚集而來 176

建立人際關係

- 79・別人是一面鏡子，倒映出你的自我評價 180
- 80・提升傾聽力的三個祕訣 182
- 81・改善人際關係可以這樣做 184
- 82・不是「不能」，是「不做」 186
- 83・彷彿親身經歷般觀察和體驗想像 188

84・拚命讚美自己	190
85・隨時都有好心情,就能事事順利	192
86・遇到問題時的處理妙招	194
87・為遇到的人更換人設	196
88・不必開口說「我很在乎你」,就能讓家人明白的方法	198
89・自己沒察覺到的可怕表情	200
90・好想結婚的念頭太強烈,為何就不會實現?	202
91・家人變得判若兩人的故事	204
92・如果換上另一副眼鏡……	206
93・你也有肉眼看不見的啦啦隊	208

意識和身體

94・用意識治療疾病	210
95・只靠言語沒假藥也可以	212
96・超越生物年齡的祕訣	214
97・疼痛也能靠意識控制	216
98・透過意象訓練,讓運動神經突飛猛進	218
99・靠意象肌力訓練成功減重	220
100・意象肌力訓練、意象運動,需要持之以恆	222
101・讓劇痛消失無蹤的個人經驗談	224
102・只要半年就是全新的自己!	226
103・提升自癒力	228
104・不要太常對別人訴說身體的不適	230

富足的生活

105・不是沒有，而是你看不到　　　　　　　　232
106・用錢買不到的財產　　　　　　　　　　　234
107・願望實現時是什麼心情？誰會幸福？　　　236
108・無法感受現在「有」時，可以這麼做　　　238
109・不必因為沒錢就放棄　　　　　　　　　　240
110・有○○的生活　　　　　　　　　　　　　242
111・引發超乎預期結果的方法　　　　　　　　244
112・百萬便條紙的有趣用法　　　　　　　　　246
113・換了壁紙後好運連連　　　　　　　　　　248
114・讓共時成為你的夥伴　　　　　　　　　　250
115・該付的錢趕快付清　　　　　　　　　　　252
116・讓大腦以為錢多到用不完的「宇宙銀行實驗」　254
117・為什麼想要？真正想要的是什麼？　　　　256
118・把家裡的毛巾換成高級品　　　　　　　　258
119・提前說謝謝　　　　　　　　　　　　　　260
120・透過改寫潛意識，跟金錢兩情相悅　　　　262
121・貧窮是疾病，富足是健康　　　　　　　　264
122・如何吸引到想住的房子　　　　　　　　　266
123・就這樣將幸福擴展至全世界　　　　　　　268

基礎篇

吸引力法則需要什麼？

1

每個人都正在使用
吸引力法則

聽到「吸引力法則」一詞，可能有人會以為是把自己的夢想和願望吸引來的法則，但這其實是誤解，真正的定義應該是「凡你所想的，不論好壞都會吸引來」。我們都在用吸引力法則，而且正確來說，實現的並非自己（顯意識）期望的事，而是潛意識所想的事（信念）。

本書的作者之一濱田真由美，年輕時就喜歡英語，對潛意識也很有興趣。她現在以教英語為業，寫下這本關於潛意識的書。

至於本書的另一位作者山田弘美，年輕時不擅長計算和數字，覺得跟設計有關的工作很麻煩，並對改變人生的方法有興趣。除了打工之外，她從事的工作都跟建築有關，也一同寫下這本如何改變人生的書。

我們每個人都相信某些事物，抱持著信念。

認為人生沒這麼好混的人，就會依他的信念吸引到不好混的人生。相信經濟會越來越差的人，遭遇公司倒閉、裁員的可能性會變高。但即使在不景氣的年代，也有公司經營得很順利，因此「大多數人都是這樣，所以我也這樣」的想法並非事實。相信自己也和大多數的人一樣，就會變成那樣。

― \ 今天能做的小練習 / ―

試著低聲念出：
「我的人生是輕鬆模式」「我可能和大多數人不同」
「我盼望的生活快實現了」。

吸引力法則其實非常單純。相信「我可以！」的人就可以，相信「我不能！」的人就不能。**相信什麼，就會實現什麼**。如果總想著「我無法實現夢想」，就會吸引到夢想無法實現的現實。

提倡潛意識法則的約瑟夫・墨菲曾說：「潛意識是依照信念的法則在運作。」相信就會實現的機制，在以安慰劑效應（參照第210頁）為首的自我實現預言的研究中，也已經獲得證實。

凡是打從心底相信的事，無論希望還是不希望，最終都會化為現實。這就是吸引力法則。

2

從腦科學看吸引力法則

　　你所體驗的一切，都是從充斥四周的訊息中挑選出來的。

　　我們的大腦搭載了優秀的搜尋引擎，就是腦內名為網狀活化系統的部分。據說每秒有 1100 萬個訊息經由五感傳入腦內。網狀活化系統會從這龐大的資訊中，自動篩選出（嗅覺訊息以外）必要的部分，上傳至你的意識，其作用如同過濾器。

　　我們靠著自己（顯意識）所認知到的部分，只占全部的 0.00036％，其他 99.999％ 根本意識不到。**選擇自認為重要的資訊，將注意力集中在上面，這種認知機能的特性稱為「選擇性注意」**。

　　例如，孩童沉迷於遊戲時，聽不到有人喊「吃飯了」，就是這個原因。在咖啡廳和朋友相談甚歡時，你可能看不到朋友以外的人、聽不到背景音樂，也感覺不到自己坐的椅子。這是因為選擇性注意促使你把注意力都放在和朋友的聊天。

　　再舉一個例子，你最近有過一旦對某件事物產生興趣，相關資訊就會透過電車廣告、YouTube 廣告等媒體，不斷映入眼中的經驗嗎？舉例來說，當你開始想學英語會話時，英語會話的相關廣告明明沒變，卻因為你開始關注，讓大腦收到「好，要注意英語會話」的指令，把關於英語會話的資訊都自動上傳

＼ 今天能做的小練習 ／

閉上眼睛，想像「黃色」。
是淡黃色，還是深黃色？
然後，試著觀察大腦搜尋黃色的方式。

到顯意識，才會映入眼中。

你想要的一切，其實從一開始就存在，只是沒意識到而已。 開始關注後，大腦會收到指令，讓你看到以往沒發現的相關訊息。這就是以腦科學解釋的吸引力法則。**把注意力持續集中在想要的事物上，自然就能引發吸引力法則。**

3

潛意識正驅動著你的人生！
潛意識和顯意識①

我們的心靈（意識）是雙層構造，一層是自己能察覺的區域，稱為顯意識。**顯意識相當於「自我」**的部分，能進行邏輯思考和判斷、收集資訊和分析、反省過去、訂定將來的計畫、展開行動。據說顯意識在意識中只占5%。

另一層是**潛意識，在意識中的占比約95%，是自己無法察覺到的區域**，也稱為無意識。無法靠自己（顯意識）控制的事，以及不必思考就能做的事，都屬於潛意識的範圍。例如呼吸、心臟跳動等（不隨意運動），也是由潛意識掌控。不論你（顯意識）的意念有多強烈，都無法操控心臟做出「好！今天心跳停止兩小時」之類的事。

像是騎自行車、用筷子等已經學會的運動和習慣行為，皆屬於不必思考就能做的事，也在潛意識的管轄內。另外，潛意識也包含遺忘的幼兒期記憶，可以說從出生到現在經歷過的一切，都被儲存在這座記憶庫裡。

例如，我（弘美）直到幾年前都很討厭香蕉，原因一直不明。後來去問母親，才知道一歲時曾被附近鄰居強迫吃香蕉，還因此得了痢疾。即使自己（顯意識）已經忘了這件事，潛意識也依然保留這段記憶。

―― \ 今天能做的小練習 / ――

把沒來由感到棘手或厭惡的事
寫下來看看。

請記住，**是潛意識在驅動你的人生**，即使自己（顯意識）再怎麼拚命努力，顯意識也只占 5%，無法與之抗衡。這就像 5 人對上 95 人的拔河比賽一樣。

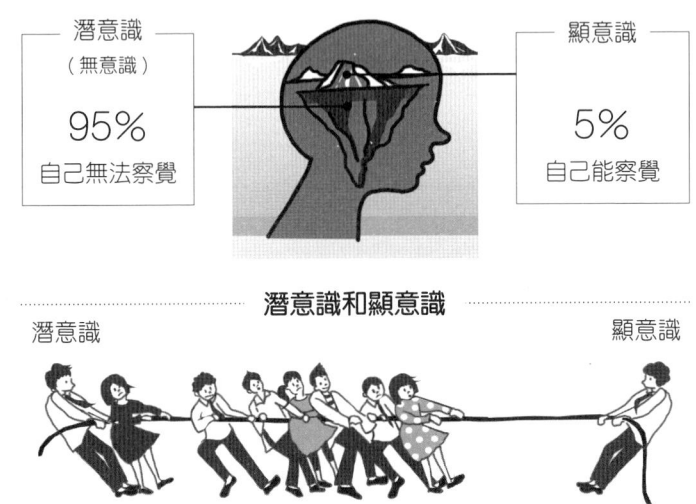

4

願望無法實現的理由

潛意識和顯意識②

夢想無法實現的原因之一,是顯意識(約5%)想的事和潛意識(約95%)的資料不一致。

頭腦思考的事和潛意識的資料不符時,當然是潛意識占上風,所以要客觀思考是什麼信念導致你的願望無法實現。

請看右頁圖,假設這個人一直想結婚,但始終無法如願,你覺得他的潛意識可能有什麼資料呢?

比如「我不配得到幸福」「婚後可能會失去自由」「婚後可能無法像現在這樣自由地用錢」「婚後要和親戚來往,很麻煩」「婚後也不一定能順利走下去」……

明明顯意識想結婚,潛意識卻裝滿否定的資料,這樣當然無法如願。

正如前面提過的,潛意識和顯意識是 95 對 5 的拔河,潛意識是壓倒性勝利,所以一定**要改變潛意識的資料**。這就是你的首要之務。

基礎篇｜吸引力法則需要什麼？　023

—— \ 今天能做的小練習 / ——

選一件你一直想實現，
卻遲遲無法如願的事，然後填寫於下圖。

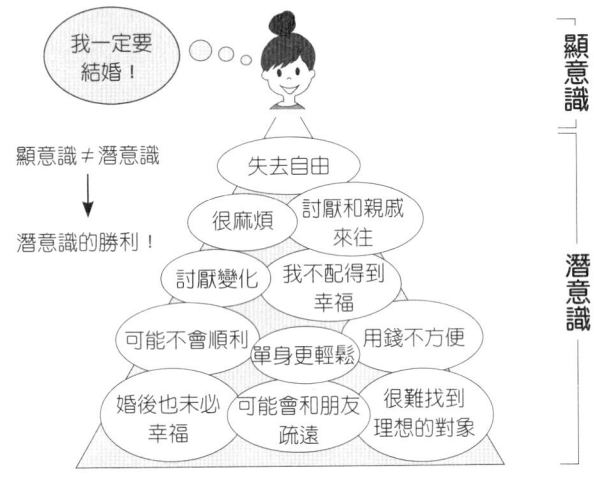

......雖然很努力卻無法實現的事......

如何發揮火災現場的蠻力

日文有句俗諺「火災現場的蠻力」（火事場の馬鹿力）。這句話在數位版大辭泉的解釋是「原指人遇到火災時，會用超乎自己想像的蠻力，將重物搬出屋外。比喻人面臨緊急情況時，會無意識地發揮平常無法想像的力量」。

這種火災現場的蠻力，就是潛意識之力。使出自己（顯意識）難以置信的力量，往往都是在停止思考的時候。當面臨火災這種不把東西搬走就會燒光的緊急情況，我們連思考「這麼重的衣櫃要怎麼搬？」「我搬得動嗎？」「八成沒辦法……」的時間都沒有，腦中唯一的念頭就是：「我要搬衣櫃！」

這是每個人都有的力量，只是平常受思考（顯意識）妨礙而發揮不出來。以往的經驗和常識，會讓你自以為做不到。這在心理學上稱為「限制性信念」。這種錯誤的成見，會帶給你限制。

為了證明拋開限制性信念，就能發揮潛力的真實性，我（弘美）曾參加國外的過火研討會。數千名學員在反覆改寫意識後，要在鋪滿燃燒火炭的路上走五公尺。雖然起初有點害怕，但看到其他學員陸續走出去後，我的常識受到顛覆，結果直到走完都不覺得炭火很燙。有了這次的經驗，我更確定人**只要拋開限**

基礎篇丨吸引力法則需要什麼？

\ 今天能做的小練習 /

請寫下三件你認為「絕對做不到」的事。
① (　　　　　　　　　　　　　　　)
② (　　　　　　　　　　　　　　　)
③ (　　　　　　　　　　　　　　　)

制性信念，就能把潛力發揮出來**，也更有信心與各位分享。

你以為做不到的事也一樣，**沒有思考妨礙就能做到**。在認定自己做不到前，不妨先這樣想想看。

6
拋開成見後
這種事也做得到

　　說到拋開成見後能做到的事，我想舉自己實際做過的「過火」和「弄彎湯匙」為例。本篇分享關於弄彎湯匙的經驗。

　　前輩飯島曾向高手請教，學習如何弄彎湯匙。後來我們 21 人一起去旅行時，所有人都在前輩的指導下學會弄彎湯匙。雖然我很快就成功，但也有人屢屢受挫，花了好幾天練習。這兩者的差異在於，接受「湯匙是柔軟易彎折」的新觀念，還是繼續堅信「湯匙堅硬無法彎折」。

　　某一次在前輩的指導下，又有 30 人成功弄彎湯匙。但奇怪的是，有位外貌仙氣飄飄，看似每樣東西都能立刻弄彎的女性卻一直失敗。前輩就向女士建議：「若想著彎不了很丟臉，一定要弄彎，湯匙就會突然變硬。請試著想『能不能彎都無所謂』。」女士聽完恍然大悟，終於弄彎了湯匙。還有一次，前輩在活動上挑戰教一千人弄彎湯匙。那時不論男女老幼都挑戰成功，氣氛非常熱烈。聽說就連在 Google 的美國總公司，大家也激動地喊著：「Oh my god！」

　　那麼在你的周遭，又有多少人能弄彎湯匙呢？如果沒有，就代表「湯匙堅硬，無法彎折」是常識。由於我身邊的人幾乎都能弄彎湯匙，辦不到的人對我來說反而是少數派。這些少數

基礎篇｜吸引力法則需要什麼？　　027

\ 今天能做的小練習 /

試著把湯匙弄彎吧！

https://daiwashuppan.sakura.ne.jp/event/6420/hikiyose67.mp4

派在看到湯匙變彎時，對「湯匙是無法彎折的硬物」的刻板印象就會消失。天動說和地動說的情形也一樣，當多數派和少數派的立場調換時，以往的常識和非常識也會逆轉。

　　弄彎湯匙非常安全，自己一個人也能安心嘗試。希望你也挑戰看看。一開始最好先拿材質柔軟，厚度較薄的金屬湯匙，以槓桿原理試試看，這樣就算彎不了，也不會太沮喪。一旦成功，就會少一支能用的湯匙，所以最好去商店買練習用的湯匙，免得挨家人罵。

　　弄彎湯匙究竟是魔術，還是超自然現象，湯匙彎了會怎樣，其實都無關緊要。彎湯匙的好處，就是當你發現放下成見後，自己會變得無所不能，可以把這一刻的經驗視覺化，留存在記憶中。以後遇到其他事，你就能以此為契機，開始思考：「這是不是成見？改變成見後會怎樣？」這些事就能成為彎曲的湯匙了。

＊今日練習影片檔中的做法說明：請用便宜的薄面湯匙練習，以「能不能彎曲都沒關係」的心態，試著輕輕搖晃湯匙。

7

從此你的世界就能隨心所欲

　　Yuming，就是日本女歌手松任谷由實，有一首名為〈如果被溫柔包圍〉的歌，裡面有句歌詞是「映入眼中的一切皆是訊息」。偶然映入你眼中的訊息，其實並非偶然。

　　在第 18 頁也提過，**大腦有個機能叫「選擇性注意」，會自動從龐大的訊息中挑出重要的部分，上傳到你的顯意識**。自己（顯意識）以為偶然看到的事物，其實都是大腦自動揀選、傳送到顯意識的資訊。

　　你看到的世界，和別人看到的世界不一樣。這是只屬於你的「世界」。比如我和朋友去兜風，當我喊：「啊！是純位數（譯註：由相同位元重複組成的自然數）的車牌！」朋友卻是喊：「啊！有酒廠！」同時映入我們眼中的事物，竟然完全不同。這是因為選擇性注意感到興趣和重要的資訊不一樣。

　　你可以試著觀察在自己的世界裡都看到什麼。**映在你眼中的一切，都會成為重要資訊，植入潛意識裡**。你所看到的世界，是充滿令人愉快的消息、善良的人和幸福？還是充滿讓人不安的消息、討厭的人和問題？你可以隨自己的喜好，改變眼中看到的世界。這是因為**大腦會以你選擇的重要資訊為基礎，自動抽出要給你看的事物**。

―――――― \ 今天能做的小練習 / ――――――

　　　　　　　　試著觀察一下，
當你把視線從書上移開，什麼事物會映入眼簾。

　請把潛意識內的重要資訊，改寫成自己喜愛的事物。這樣一來，映入眼簾的一切自然就會改變，而你體驗的世界也會跟著不一樣。

8

你真正想吸引的是什麼？
願望的三個種類

你想要的是什麼？你的願望是什麼？擁有什麼才是最美好的人生？金錢、有成就感的工作、舒適的家、理想的伴侶、健康的身體、志同道合的朋友、乖巧懂事的兒女、地位、內心的平靜等，請試著把你想要的統統寫下來。

願望能大致分成三種。**第一種是有（Have），這是擁有欲**；例如想有錢，想有名聲，想要名牌包，想要漂亮的房子等。**第二種是做（Do），這是體驗、想做的事**；例如想去希臘，想玩飛行傘，想吃高級壽司，想孝順父母等。**第三種是成為（Be），換言之就是心情、感情和狀態**；例如想成為不拘小節的人，想成為有包容力的人，希望自己充滿愛心，希望常懷感恩，希望隨時感受喜悅等。

一開始我們想要的，幾乎都屬於 Have 和 Do，但只要深入探究為何有那些 Have 和 Do 的願望，就會發現原因其實都出在 Be。

比如說，想去大峽谷是 Do 的願望，但動機是想欣賞壯麗的景色，體會那分感動和興奮的心情，也就是 Be。想擁有寬敞的高級大廈公寓是 Have 的願望，但動機是想在寬敞的空間體會富足的感覺，從家人的笑容得到幸福的心情，同樣是 Be。

\ 今天能做的小練習 /

請試著寫下三個你的 Have 和 Do 願望,
再把實現願望後會感受到的感情,
也就是 Be 願望寫下來。

由此可知,Have 和 Do 願望的終極目的,是獲得開心、快樂、感恩、幸福等感情,也就是 Be。所以只要透過「體驗未來」體會 Be,就能囊括 Have、Do 和 Be。這樣一來,或許就不太需要 Have 和 Do 的願望了。請切記,**你最終想吸引的是 Be,也就是感情。**

	Have	Do	Be
例	最好的伴侶	孝順父母	總是心平氣和
1			
2			
3			

用顯意識改寫潛意識

　　把資料送進潛意識的入口是顯意識，所以我們可以利用顯意識來改寫潛意識。那麼，所謂的顯意識又是什麼呢？就是自己能察覺的部分、認知的事物，也就是主觀認知。自己能認知到的事物，可歸納為四類。加州醫學大學洛杉磯分校精神科臨床教授丹尼爾・西格爾博士，取這四分類的第一個字母，統稱為 SIFT。

S=sensations（感覺）

　　指感覺、知覺。由五感接收到的刺激所引發的感覺，例如刺眼（視覺）、吵雜（聽覺）、炎熱（觸覺）、辛辣（味覺）、芳香（嗅覺）等。亦有從內部產生的感覺，例如起雞皮疙瘩、胸口鬱悶等。

I=images（意象）

　　請閉上眼睛，想像美麗的日落，你的腦中應該會出現日落的景象吧。腦海浮現的畫面和影像，就是意象。

\ 今天能做的小練習 /

請試著體驗 S（感覺）。閉上眼睛，
集中精神去注意有什麼聲音（聽覺），
什麼氣味（嗅覺），
以及碰觸地板和椅子的感覺（觸覺）。

F=feelings（**感情**）
指感情、心情，例如真開心、真氣人、好悲傷等。

T=thoughts（**思考**）
例如「今天好像會下雨，應該帶傘比較好」「明天早上九點前，一定要發電子郵件給客戶」「今天午餐吃什麼好呢？」等。思考時必要的工具是語言。人類使用語言思考。

包含這四項的 SIFT，是顯意識有自覺的部分。換句話說，如果想改寫潛意識，你應該做的就是運用感覺、意象、感情、思考，**刻意為期望的世界揀選資料，把資料送進潛意識裡**。

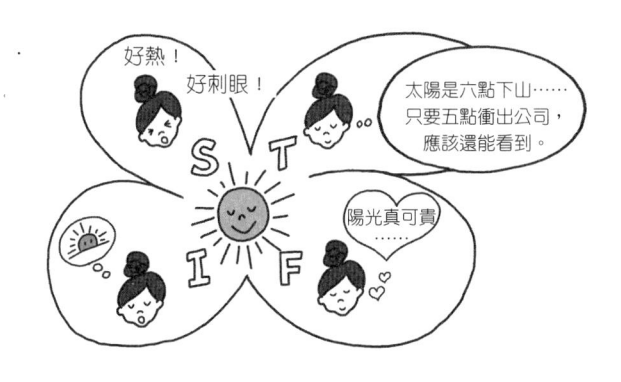

10

篩選來自五感的資訊
顯意識的用法①

你總是會不經意地看到某些圖像或影像吧？

為了改寫潛意識,「自己」(顯意識)能選的第一個是 S (sensations＝感覺),在感覺當中,有透過五感接收刺激、從外界傳入腦內的訊息。透過五感進入的訊息,據說每秒多達 1,100 萬個,其中有超過 99.9％不會被顯意識認知,而是直接送入潛意識。**這種自己沒察覺到的五感訊息,會對無意識的思考模式和行動造成重大的影響**。這一點已被許多研究證實,心理學上稱為**「促發效應」**。

哪些五感訊息能進入潛意識,都是由「你」(顯意識)來把關。「你」(顯意識)有個重要的職責,就是**透過努力改變行為,挑選能進入潛意識的資訊**。這是因為幾乎所有行為,都是根據潛意識的資料而自動產生。

在這個世界上,跟帶來夢想和希望的正面消息和資訊相比,令人不安的消息和誹謗中傷的報導壓倒性地多。如果不想點辦法,不安會一直如影隨形。無意間映入眼簾的圖片、不斷播放的影像,以及不經意聽到的聲音,都會在不知不覺中深深影響你的思考和行動。

我以前晚上會下意識地開著電視,到後來才發現只要電視

基礎篇｜吸引力法則需要什麼？　035

―――――― ＼ 今天能做的小練習 ／ ――――――

請檢索和喜愛的事物有關的影像及圖片吧。

播放聳動的新聞，各種相關內容就會馬上出現在夢裡。從此我就不在睡前看電視了。由此可見，潛意識是多麼容易受到影響。所以，對於會不經意地透過五感傳入的訊息，我們一定要嚴格把關，仔細挑出跟期望的世界有關的資訊，再送入潛意識。

11

描繪你期望的世界
顯意識的用法②

正如佛陀所言：「你會創造你想像的事物。」創造的原理放諸四海皆準，首先在看不見的世界（腦中）誕生，接著在看得見的世界（外界）出現。

iPhone問世前，就已經在史蒂夫・賈伯斯的腦中成形；《哈利波特》在JK・羅琳的腦中，應該也有清晰的意象。現在這些**以看得見的形式存在的事物，一開始都是某個人腦中的意象**。

顯意識能選擇的第二個是 I（images＝意象）。

你的人生也一樣，**腦內產生的意象，總會在不知不覺間成為現實**。在你的人生中出現的一切，起初都是腦中創造的意象。**無論是你希望的，還是不希望的，最終都會實現**。因此，如果你想改變外在的世界，必須先改變內在的世界。這可以用意象創造。

對很多人來說，要持續想像自己期望的世界，一直保持快樂的心情，反而是件難事。把注意力放在不期望的世界，感受不安的情緒，其實更簡單。這是因為跟維持生命有關的爬蟲類腦（反射腦），會為了保護自己不受外敵侵害，發動自我防禦機制，憑著本能對負面訊息做出立即反應。此外也有數據顯示，

―――――― \ 今天能做的小練習 / ――――――

請看著跟喜愛的事物有關的影像和圖片，
露出笑咪咪的表情。

跟歐美人相比，遺傳到愛操心基因的亞洲人更多。所以，請把「不安模式」當成我們腦內的初始設定就好。

但是，如果你想創造期望的世界，將意識持續導向期望的世界就變得至關重要。一定要隨時訓練自己去想像期望的世界，並重複練習，直到養成習慣為止。

12

隨時都有好心情

顯意識的用法③

人類有各式各樣的感情,所有才有喜怒哀樂一詞。人類的感情可大致分為好心情和壞心情兩大類,顯意識能認知的第三項,就是F（feelings＝感情）。

快樂、感恩、興奮、如釋重負等,都屬於好心情;悲傷、寂寞、氣憤、不安、嫉妒等,都屬於壞心情。

不過,感情不會憑空出現。就算突然對你說「來,生氣吧!」「來,高興吧!」,你也無法馬上照做。演員想流下悲傷的眼淚,就必須想像悲傷的場景。感情是從思考（T）和想像（I）中誕生,想到期待已久的旅行,會感到興奮。說話風趣的人,總是想著有趣的事;會埋怨的人,總是想著不滿的事。

受到外界刺激而產生的感覺（S）,也會刺激感情,比如看到戰爭的新聞會忐忑不安、聽到優美的音樂會心情放鬆、吃到美味的料理會感到幸福。

由此可知,**感情（F）是從思考（T）、意象（I）和感覺（S）中產生**。為了想讓自己的感情配合、隨時保持好心情,一定要刻意挑選思考（T）、意象（I）和感覺（S）。若想檢查腦內是否有針對「期望的世界」下達指令,可以把感情當成測量器使用。當你心情好時,代表你正在思考和想像期望的事,而且從

基礎篇｜吸引力法則需要什麼？　039

――――― \ 今天能做的小練習 / ―――――

請現在馬上做一些能帶來好心情的小事。

五感也收到好的訊息。

思考和想像　　　　　　　　　思考和想像
旅行的事　TI　　　　　　　悲傷的場景　TI
　　聆聽　　　　　　　　　　　　　看到
　優美的音樂 S　　　　　　　戰爭的場景 S

快樂　　放鬆　　　　　氣憤　　　不安
　　　　　　　　　　　　　　　嫉妒
興奮　　感謝　　　　　悲傷　　　寂寞
　Feeling　　　　　　　　Feeling

13

使用正確的語言
顯意識的用法④

　　能用顯意識選擇的第四個是 T（thoughts ＝思考）。我們在思考時會使用語言，所以說得極端一點，**選擇怎麼思考就是選擇怎麼說話**。

　　用語言對大腦下指令的方式，和網路搜尋引擎相同。請在檢索欄輸入「喜歡香蕉」「討厭香蕉」「不想吃香蕉」等三種關鍵字，再搜尋圖片。你會發現出來的圖片全是「香蕉」。不管是喜歡還是討厭，都會吸引到香蕉。

　　把你的願望傳達給大腦時也一樣，指令會變成搜尋討厭貧窮的「貧窮」、不想失敗的「失敗」。

　　在韋格納的實驗中，收到指令「別想北極熊」的小組，比沒收到的小組更常想到北極熊。此外也有很多研究報告指出，越是壓抑某種思考和意象，越會帶來反效果。

　　會發生違背期望的事，就是因為不自覺地使用某些言詞下指令，導致自己想像不期望的事，所以要好好檢視才行。

　　舉例來說，當你想透過減重來雕塑理想的體型時，是不是總有「我不要變胖」「烤肉熱量很高，不能吃」之類的想法呢？這樣就等於下達「變胖」「烤肉」的指令，讓你無法順利減重。相反地，你應該用「腰圍 63 公分」「吃蒟蒻排」等關鍵字。

＼ 今天能做的小練習 ／

請回想一件總讓你「不要○○」的事物，
然後反過來把想要的事物
寫成只有「△△」的單詞！
（例：不要戰爭→和平　不要生病→健康　不要貧窮→富足）

有心理學研究指出，當某種想法浮現時，與其去壓抑，不如置換成不同的想法（替代性思考）會更有效。

　　「你」（顯意識）該做的事，就是正確使用能想像出期望的結果的語言，對腦部下指令。這樣一來，大腦就會尋找必要的資訊，展示給你看。

用「喜歡香蕉」搜尋。

用「不想吃香蕉」搜尋。

14

如何消除「反正做不到」的想法
放下過時的信念

　　朋友在兒時被寺廟的住持說：「這孩子會一輩子沒煩沒惱～！尤其吃的方面絕對不愁，賺的錢也剛好夠花。」小孩子很單純，相信住持的話是真的。即使到現在長大成人，朋友也依然保有沒來由的自信。他常把「沒問題，總會有辦法」「雖然沒了工作，但下個工作總會來的，只是不知道是什麼時候」「事情一定會順利」之類的話掛在嘴上。相信船到橋頭自然直的他，總是過得很順心。

　　這是因為從小聽住持說的話，已經深植他的潛意識，成為信念，為他的人生帶來巨大的影響。

　　我們每個人都有信念。不管是「我做得到」「我做不到」，還是「一定會順利」「一定會變糟」，只要你相信，就會變成那樣。能在童年被植入好信念的人，確實很幸運，但如果不幸被植入不好的信念，又該怎麼辦呢？

　　例如，要是一直聽父母說：「哥哥能做到，為什麼你不能？你真的很沒用。」你的潛意識就會被輸入「我很沒用，所以沒辦法。反正做不到」的資料。長期聽聞且深植潛意識的信念，是非常強大的。長大後，就算顯意識憑著意志力吶喊「我做得到！」，喊幾次也無法改寫。

── \ 今天能做的小練習 / ──

現在選出一個想放下的「黑球」（否定的信念），
想像球化為亮晶晶的光芒，
並試著對它說「謝謝」。

　　打個比方，假設潛意識是容器，裡面裝很多球，「黑球」（反正做不到！）占 95 個，「白球」（我做得到！）只占 5 個，當然是黑球（反正做不到！）贏得壓倒性的勝利。

　　那麼，要怎樣才能減少黑球，增加白球呢？就是①從容器中取出黑球，②放入白球。

　　提到實現願望時，常常只強調把「白球」（肯定的信念）輸入潛意識的方法（正向思考和意象訓練），**但要是「黑球」（否定的信念）裝滿容器，先減少黑球更重要，也更有效。**

　　潛意識的入口是顯意識。當你察覺「反正做不到！」的黑球從潛意識浮上顯意識時，只要取出即可。不過我們很常犯一個毛病，就是去批評和否定這麼想的自己。

　　「我又在想『反正做不到』了。這麼想是不行的。為什麼我只有這種消極的想法？一定要更正面積極才行。」這樣等於在好不容易浮上顯意識的黑球（反正做不到！）裡又加上消極，然後再壓回潛意識的容器。結果黑球還是沒有減少。

　　你該做的是對黑球說：「謝謝你浮上顯意識。」然後放下它。請想像往天空一拋，黑球砰的一聲化為光芒的景象。每當「反正做不到」（黑球）冒出來時，切記不要批評自己，強迫自

己重新往正面想,而是要表達感謝,選擇放手。請一定要這麼做。每做一次,潛意識中的黑球就會減少一些。

然後,直到某一天,當你忽然發覺「咦?最近好像都不會想『反正做不到』了」,這時你的行為也已經產生變化。這就是潛意識改寫成功的證明。

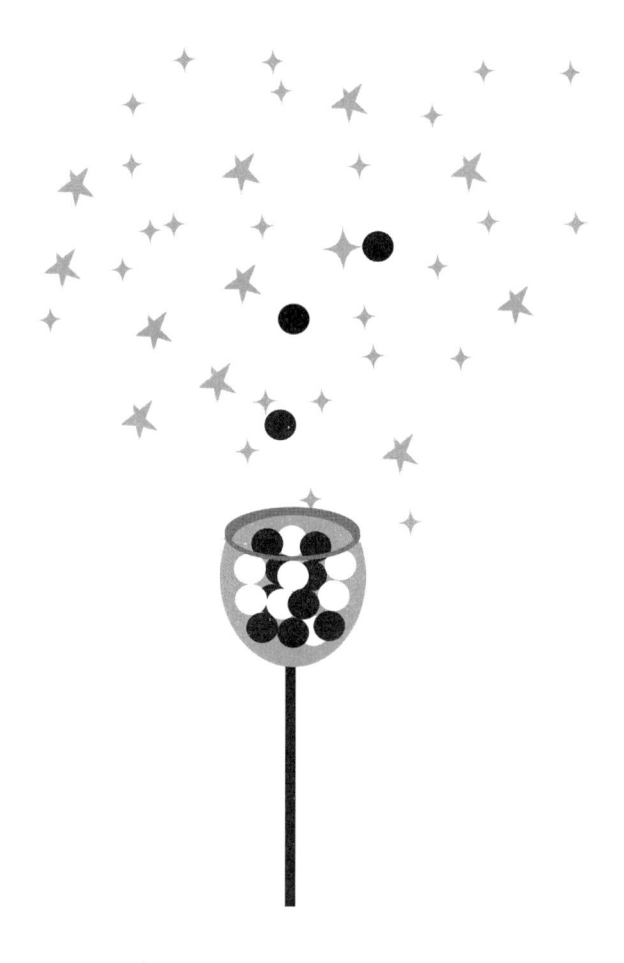

基礎篇｜吸引力法則需要什麼？　　045

15

透過肯定句植入潛意識
輸入新的信念①

　　將肯定的信念（第45頁插圖的白球）放入潛意識的方法之一，就是正向肯定句（affirmation）。affirmation 的原意是肯定、斷言、確認，也就是給自己肯定的斷言。

　　不斷重複正向肯定句，能有效地對潛意識輸入肯定的信念，以及改寫否定的信念。不過這方法有幾點必須注意。

　　第一點是**別用「我想做～」「我想成為～」的句型**。說「我想變富足」，就跟斷言「我現在不富足」沒兩樣。

　　還有一個重點，就是**創造內心不抗拒的正向肯定句**。比如，當你每天都為債務煩惱、過得很辛苦時，即使不斷吶喊「我很有錢！我是大富翁！」，你的心也明白這是假的。這樣不但無法順利，還會招來反效果，必須使出全力去勉強重複的句子是沒用的。你一定要想出能讓內心坦然接受的語詞、讓心情變輕快的文句，比如：「我的經濟狀況正在緩慢、確實地好轉中」。此外也建議別用長文，改用「富足」等只表達概念的名詞會更好。

　　自我暗示法的創始人埃米爾・庫埃有句名言：**「我每天在各方面都會不斷進步。」**這個肯定句無論用在哪個領域，內心都不會產生抗拒。我每天早上也會對著太陽朗誦這句話。

── \ 今天能做的小練習 / ──

試著以發自內心的聲音說：
「我每天在各方面都會不斷進步。」

雖然埃米爾・庫埃用這句肯定句救了許多患者，不過這也是因為患者本人對自己下達「會好轉」「會痊癒」的暗示，靠著相信自我的力量改變了現實。相信的力量非常偉大，而且每個人心中都藏著這股力量。

我每天都會不斷進步。

＝等於

每天進步一點是有可能的。

16

創造正向的口頭禪

輸入新的信念②

　　創造新的口頭禪，也是為潛意識輸入肯定信念（第45頁插圖的白球）的有效方式。想出對自己有益的口頭禪，不停掛在嘴上，這句話就能作為重要資訊，植入腦中。

　　我推薦的口頭禪之一是「我是天才」。如果覺得「天才」難為情，一開始可以先在心中像喊小孩一樣喊「天才」，也不失為一個辦法。

　　每當想到某個點子，或是預測準確命中時，就算只是小事，也能喊「天才」。每天不斷重複，將「天才」一詞輸入腦中幾萬次後，聲音的輪播會強化對「天才」的想法，讓「天才」成為重要資訊，植入潛意識，改寫資料。等到有一天，我們就能發自內心地認為「我真的很厲害！是天才！」了。

　　我也實踐了這個方法，到現在「天才」已經完全成為我的口頭禪，常常下意識就脫口而出，一天不知道會說幾次。一旦把自己視為天才，這種思維就會投射到你的世界，使周圍的評價和發生的事自然地跟著改變，因為意識會創造現實。

　　新的口頭禪會成為新的信念。從客觀的角度來看，是不是天才其實無所謂，覺得自己是天才更重要。**並非因為是天才，所以是天才，而是因為說自己是天才，所以成為天才**。在數名

\ 今天能做的小練習 /

試著每天不斷地說：
「我是天才！」

擁有相同技術的醫師中，有一人相信自己是天才，以天才的身分持續精進，結果患者全跑去向他求診。

除了「天才」之外，你也可以創造對自己有益的口頭禪。只要每天重複那句口頭禪，就能改寫你的偏見和信念，提升自我肯定感，是簡單又效果極佳的方式。

我是天才！

17

你相信的一切會在人生中發生！

　　大谷翔平選手是能打能投的「二刀流」，在大聯盟十分活躍。他在日本打高中聯賽時，經常擔任投手和第四棒打者。進入職棒後，通常得在這兩個位置二選一，但大谷選手卻顛覆了這個常識。或許在不久後的將來，因崇拜大谷選手而開始打棒球的孩子當中，也會出現跟他一樣的二刀流。

　　有句日本的俗諺說：「追兩兔者，皆不可得。」但大谷選手一定不相信這句話，對吧？他相信的，應該是「追兩兔者，兩兔皆得」才對。自古流傳下來的話不一定正確。你相信的一切，都會變成你的現實。

　　①「追兩兔者，皆不可得。」

　　②「追兩兔者，兩兔皆得。」

　　③「追兩兔者，竟得三兔。」

　　相信自己想相信的就好。**你相信的一切，會在人生中發生。**

　　我以前相信①。20 幾歲時，我想結婚，也想留學，在那個時代，選擇「要工作，還是結婚」曾經蔚為風潮。後來我看了一本名為《你可以擁有一切》（*You can have it all*）的書，學到「想要的，都能到手」的思維後，我的想法就變成了②，結果把「結婚和留學」統統吸引來。現在則是相信③。

＼ 今天能做的小練習 ／

「追○○的我,也能得到△△。」
請試著在○○和△△處填入語詞。

愛因斯坦曾說:「**所謂的常識,只是 18 歲前學到的偏見總和。**」而且常識會隨著時代改變。所以大可以拋開常識,勇敢相信自己想相信的一切。

用三個步驟實現夢想

吸引力法則的流程,可以簡單地分為以下三步驟。

①下訂(許願)②收取③展開行動。可以想成跟訂披薩外送一樣:①訂想吃的披薩②聽到門鈴響去收取③開始吃。

把這些步驟套用在吸引力法則上,就會形成以下的流程。

第一步是「下訂」。要訂披薩,必須透過網路或電話。想實現願望,就必須**透過想像和感情來下訂**。在訂披薩時,我們會先下意識地預測吃到的口味和滿足的程度,再來下訂。

如身歷其境般想像願望已實現的場景,體會當時的情感,就是送出訂單。

第二步驟是「收取」。披薩外送員按了對講機後,應該每個人都會開門吧。在吸引力法則中,我們有時會直接收到下訂的事物,有時則透過映入眼中的相關資訊和直覺,收到必要的訊息。

第三步驟是「展開行動」。收到下訂的東西,就要好好享用。外送的披薩到了,要馬上吃才好吃,收到訊息或提示時,**也要馬上行動**。

我來分享一個按照三步驟實現吸引力法則的真實經驗。在我的學生中,有人看著想要的音響照片,進行想像(第一步驟=

\ 今天能做的小練習 /

試著拿起電話,想像打給「吸引商店」,
再開口向店家下訂:
「我要訂一個○○!」

下訂)。後來,他看到抽音響的活動辦法(第二步驟=收取)。他拋開「反正抽不中」的心態,毅然去參加活動(第三步驟=展開行動),沒想到竟然抽中了!

吸引力法則的原理非常單純,只要透過三步驟,就能實現夢想。如果進展不順利,代表其中有某個步驟卡住了。

1 下訂(許願)
收取 2
3 展開行動

19

首先要下訂

吸引力法則的第一步驟①

　　吸引力法則的第一個步驟是「下訂」（許願）。下訂的方式透過想像和感情，也就是如身歷其境般想像願望實現後的情景，再透過體驗未來，感受當下會有的感情。

　　據說宇宙中存在著能創造出世間萬物的創造領域，量子力學稱之為「零點場」，而幸福感領域的世界先驅迪帕克‧喬普拉博士，則以「純粹意識」形容之。產生世間萬物的創造領域，和我們的潛意識相連，所以**你要利用想像和感情，在創造領域把想要的事物創造出來**。這就是第一步。

　　如果許了願卻沒發生「吸引」，幾乎都是因為下訂的內容不夠明確，卡在第一步驟。當你叫披薩外送時只說「我要訂披薩」，是領不到任何東西的。既然你必須詳細決定披薩的餅皮種類、尺寸、配料後才能下訂，代表你的願望也得同樣明確。例如，假使你只說「我要訂皮包」，內容太空泛，一定要把顏色、材質、造型、尺寸、品牌等資訊，都交代得清清楚楚才行。

　　為什麼內容空泛會失敗？因為你無法明確地想像。**一旦想像不順利，就無法體會感情**。

　　我來談談當初是如何吸引到想要的車子。

　　首先，我列出詳細的條件，比如 Lexus、GS 系列、紅色烤

　今天能做的小練習

找一件自己想買的東西。
先不看價錢，
只須詳細調查款式、顏色、尺寸等資訊就好。

漆、黑色真皮座椅等。為了產生鮮明的想像，我選擇去試乘，看車的外觀，聞皮革的氣味，聽引擎聲，感受加速的力道，盡可能透過五感輸入大量資訊，以便清晰地描繪出駕駛這輛車的情景。

下訂時越詳細、越具體，你的想像會越明確。這樣大腦也能收到正確的指令，更容易找到相關的資訊。

20
加速實現的下訂方式
吸引力法則的第一步驟②

上一篇以訂披薩外送為例，說明吸引力法則的第一步驟，是利用想像和感情下訂。如果不選尺寸、餅皮種類和配料，光說「我要點披薩」，訂單無法成立。這個比喻應該很簡單好懂吧。

不過，把這個道理套用在人生追求的事物時，卻經常變得模糊和抽象。例如「想創業」「想成功」「想得到幸福」，這些都和「我要點披薩」一樣太模稜兩可，不可能下訂成功。

舉例來說，「成功的人生」，對你而言是什麼？賺大錢？對社會做出貢獻，流芳百世？建立幸福的家庭？變得有錢有閒，能隨時做喜歡的事？還是活到壽終正寢？每個人對成功的定義都不同，所以要**盡量想得明確和具體**，**還要描繪得越詳細越好**。

只在腦中思考，無法確認具體到何種程度，因此最好寫在紙上。以想創業為例，你可以將業別、客群、理想收入、員工、辦公室等詳細條件一一寫成清單。把腦中的想法全列出來，加以視覺化，就能客觀地分析。假如想法很模糊抽象，要盡可能寫得更具體，更詳細。這樣一來，你就能輕鬆描繪出願望實現時的情境，體驗箇中的感情。而且，**夢想一旦明確，大腦就會**

\ 今天能做的小練習 /

找一個希望實現但很模糊的夢想，
試著把具體的詳細條件盡可能寫在紙上，
列成清單。

將之視為重要資訊，不僅尋找相關資訊更容易，我們也會更積極展開行動，加快實現的速度。

徵兆會透過五感到來
吸引力法則的第二步驟①

　　吸引力法則的第二步驟是「收取」。要收取的有兩種，第一種是下訂的東西，例如①想像想要的 T 恤，②朋友送你 T 恤當禮物。這種情形很好懂。第二種則是跟下訂的東西有關的提示，我們稱這種提示為「徵兆」。

　　徵兆也有兩種。一種是透過五感傳來的訊息，比如跟朋友交談時聽到的情報、從收音機傳來的詞句、電車中不經意看到的廣告、在書店試閱時讀到的內容等。

　　我用想像和感情下訂紅色 Lexus 後，沒多久就在公司的停車場看到紅色 Lexus。那輛車應該從以前就存在，只是我一直沒注意，「選擇性注意」沒有發揮作用，所以才對那輛車視而不見。不過，當我明確地下訂 Lexus，對腦部輸入指令後，大腦就讓一開始便存在的紅色 Lexus 浮上顯意識，出現在我的視野裡。

　　我們會開始發現相關資訊，就是大腦運作順暢的證明。當你突然看到和想要的目標相似的事物時，請把這個當成徵兆。**徵兆一旦出現，哪怕是微不足道的小事，也一定要高興地想：「距離實現更近了！進展得很順利！」**這一點很重要。

　　如果身邊的人得到自己想要的東西，請把這個也當成目標

\ 今天能做的小練習 /

先想像想吸引的事物，
再留意視覺和聽覺
收到的訊息中有沒有出現徵兆。

快要實現的徵兆。以我爲例，我身邊就發生過一下子有三個人買了 Lexus 的現象，而且我還坐上其中兩人的 Lexus。當時我沒有羨慕，反而開心地想：「下次應該就輪到我了！」這種態度就是重點。

22

確實接收潛意識發出的直覺的祕訣
吸引力法則的第二步驟②

　　上一篇提過吸引力法則的第二步驟「收取」，就是收取跟下訂（許願）的事物有關的兩種徵兆（訊號、提示）。

　　第二種徵兆來自你的內心，也就是**潛意識發送的直覺**。其實從你下訂想吸引的事物時，潛意識就持續以直覺的形式發送徵兆。透過直覺傳來的訊息，乍看之下，常常跟想吸引的事物沒有直接關聯，但追本溯源後，依然指向自己想要的事物。

　　舉例來說，有次我收到研討會的邀請。起初本來不打算去，但到了前一天，突然有種想去看看的衝動，於是就參加了。後來在那裡遇到的人，竟然跟我想做翻譯的夢想有關。由於我參加的那場研討會跟英語一點關係也沒有，所以從沒想過能在那裡找到翻譯的工作。

　　直覺是無法形成言語的細微感覺，而**你（顯意識）總是想東想西，一下煩惱一下憂慮，忙到無暇去捕捉這些訊號**。打個比方，這跟外送員送披薩來時，如果你剛好戴著耳機，用很大的音量聽音樂，就算對方按了對講機，你也聽不到門鈴聲一樣。再換個比方，如果信箱的收件匣一天內湧進大批垃圾信件，就會害我們沒注意到重要信件和發貨通知。要捕捉直覺，必須先在腦中騰出空間。常有人說要學習靜心，或是找到能安靜獨處

\ 今天能做的小練習 /

閉上眼睛,想像要吸引的事物。
之後若直覺到來,記得做紀錄。

的時間,就是這個原因。唯有在心靈(意識)平靜清澈時,才會發現潛意識送來的、以直覺為名的徵兆。直覺來自於潛意識,不必靠自己(顯意識)想東想西才能創造。我們不知道直覺何時到來、會捎來什麼訊息,你(顯意識)能做的,就是讓自己的心靜下來,這樣在潛意識送來名為直覺的徵兆時才能察覺到。

23
有感覺就要行動！
吸引力法則的第三步驟

　　吸引力法則的第三步是「展開行動」。**願望沒實現的原因之一，就是好不容易收到直覺，卻沒馬上行動**。收到直覺的時機並非偶然，而且直覺的有效期限大多很短，所以只要一有感覺，就要馬上行動！

　　我來分享一個在寫這本書時遇到的神奇經驗。家母88歲大壽時，我們一家六口想幫她慶生，但問遍周邊的飯店，每家都客滿。打了好幾通電話，好不容易問到一間五人房，不管三七二十一先預約下來，再開始想像一家六口為家母慶生的情景。

　　直到距離旅行僅剩兩週時，我想起還得再訂一個房間，便打電話問飯店，結果還是客滿。過了兩天，我忽然有種感覺，決定再打一次電話，沒想到這次竟然有空房釋出！更幸運的是，兩間客房正好位於同一層樓。

　　其實在這個故事背後，還出現了共時現象。就在我快退房前，有朋友傳來訊息說：「現在我們住的旅館房間旁，有『濱田女士』的字樣。如果是真由美，也未免太好笑了。」這時我才發現朋友就住在隔壁的客房。原來朋友也是恰巧訂了這間旅館的兩個房間，後來有人臨時無法來，於是退訂一間，而那間

── \ 今天能做的小練習 / ──────

一有收到直覺的感覺，
就立刻行動看看。

正好是我後來第二次訂到的房間。我有「感覺」打電話訂到的房間，竟然是朋友退訂的！

由於當時正值旺季，要是我沒在忽然有感覺時打電話，可能轉眼就被訂走了。從這次經驗，我再次確認潛意識越過思考，直接傳給我們的直覺有多厲害。**當直覺來到時，只要一有感覺，就要馬上行動。重複幾次後，就會更了解那種感覺**，直覺也會變得更敏銳。

24
願望要怎麼實現，
不是你能掌握的

　　通往富士山頂的路徑不只一條，能讓你實現夢想的途徑，也不只一種。要知道，有些途徑只是你（顯意識）不曉得，或是現在還沒想到而已。

　　一旦認定靠這個方法無法實現，而且這個做法對目前的自己很困難，就會產生不可能實現的念頭。不可能的念頭，會產生真的不可能的結果。所以我們要告訴自己：「說不定會用顯意識意想不到的方法實現。」為內心留一些空間。

　　舉個例子，我一直夢想能住在夏威夷的高級度假公寓。雖然沒錢買，不過還是想像愉快地住在裡面的情景。沒想到過了幾個月，我遇到某個人，承蒙對方幫忙預約住宿體驗，讓我終於能美夢成真。

　　當想著好想住夏威夷的度假公寓時，我還不認識那個人，結果竟然是未來遇到的人幫我實現了願望。顯意識不可能知道以後會遇到什麼人，所以用顯意識想方設法也是白費力氣。

　　你（顯意識）該做的並非尋找方法，而是**在腦中鉅細靡遺地描繪期望的結果，進行感情上的「體驗未來」**。請把時間花在這裡。至於尋找方法，就交給潛意識。在這之後，請細心觀察四周發生的事，或許大腦會捕捉到相關資訊讓你察覺。直覺也

今天能做的小練習

暫時放棄尋找方法，
試著「體驗未來」，
感受夢想實現時的感情。

可能會捎來一些訊息。

潛意識會以意想不到的最佳方式，將你期望的結果化爲現實。

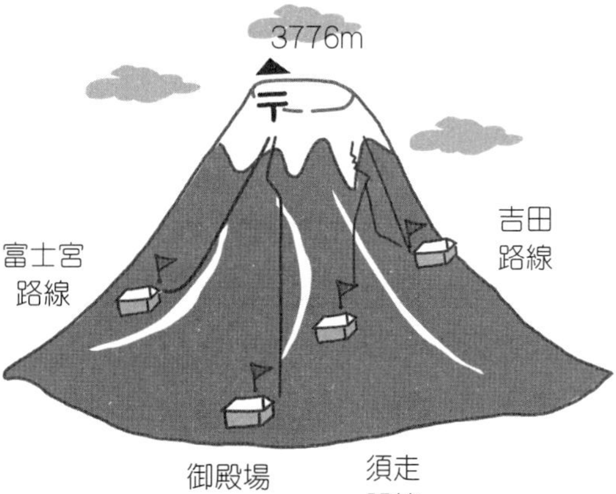
3776m
富士宮
路線
吉田
路線
御殿場
路線
須走
路線

實踐篇

願望實現時,
你會發生什麼事?

25 為何願望越強烈越難實現？

當你有「無論如何都想得到！」「絕對要實現！」的強烈意念時，其中很可能暗藏執念。一旦執著，意念越強烈，反效果越大，願望也越難實現。這是為什麼？因為**執念的真面目就是恐懼**。

強烈地希望「無論如何都想得到○○」，就是擔心「萬一得不到○○，我的人生將何去何從……」的表現。這時候，反而是「得不到怎麼辦」的恐懼更容易實現。

吸引力法則的最大祕訣，就在於「**中性許願**」。中性有「中立的」「不屬於任何一方」的意思。雖然下訂想要的事物時，**必須明確地指定「就要這個」，但對於結果，則要抱著「怎樣都行」的心態**，無須忐忑不安。你要放下執念，保持「**雖然想要，但怎樣都好**」的心境。若因此暫時忘記自己有許願（下訂），也是常有的事。或許你會感到意外，但這樣真的更容易實現願望。一起練習看看吧。

練習中性許願時，如果想著不顧一切也要得到，就不會順利。因為有了執念，就會過度努力。

中性許願不是靠理論，而是憑感覺，唯有靠體會才能培養。想養成這種感覺，一開始最好用可有可無的事物來練習。

> \ 今天能做的小練習 /
>
> 來嘗試「十元硬幣吸引實驗」吧。
> 請看著十元硬幣的兩面,
> 想像硬幣的樣子,然後在心中默念:
> 「十元硬幣來了,謝謝。」

在拙作《科學證實!吸引力實驗集》,第一個實驗之所以選擇吸引香蕉就是這個原因。對絕大多數的人來說,香蕉並非不顧一切也想得到的事物,不會產生執念。就算香蕉不來,也不至於感到挫折。

練習時也可以不用香蕉,改用蘋果或十元硬幣,總之只要是「能不能吸引到都無所謂」的東西就好。對大腦下指令後,就能開始體驗吸引力法則,看看會有什麼事物映入眼中,或是收到來自某人的饋贈。照這樣練習下去,以後就算是渴望得到的事物,也可以運用這種感覺,透過中性許願來吸引。

用內心不抗拒的事物來練習

當你說想賺更多錢，然後實際收到月薪二百萬、有一百名部下的工作邀約時，八成會害怕自己無法勝任，而選擇拒絕吧。雖然這例子聽起來有點極端，卻也以淺顯的方式告訴我們，**願望之所以無法實現的原因之一，就是內心的抗拒（障礙），讓我們以為自己沒資格得到想要的事物。**

用內心不抗拒的事物練習「體驗吸引」，就能逐漸掌握訣竅。我們在工作坊常用的是香蕉，畢竟香蕉便宜，應該沒人會認為「我不配吃香蕉」才對。在這個吸引實驗中，我們要透過想像，體驗香蕉的硬度、氣味、口感和味道，然後對大腦下達香蕉的指令。

在工作坊，所有學員會一起想像香蕉。之後，有學員回報他們獲得了香蕉。除了真正的香蕉外，有人在研討會後去 spa 泡香蕉浴（!?）、有人明明要買茶，自動販賣機給的卻是香蕉歐蕾、有人去朋友家過夜，朋友端出的早餐竟是香蕉吐司、也有人在公司收到的伴手禮是香蕉年輪蛋糕。這些報告很有趣，我每次聽了都不禁笑開懷。至於吸引到的方式，也是五花八門。聽許多人分享經驗後，不但會驚訝「怎麼可能有這種事」，自己的既定觀念也會逐漸改變。

\ 今天能做的小練習 /

來試試「香蕉吸引實驗」吧。

https://daiwashuppan.com/event/6420/hikiyose32.m4a

　　本書的兩位作者也做過很多次香蕉吸引實驗，所以香蕉已成為重要資訊，深植在我們的潛意識裡。由於大腦會馬上捕捉香蕉的資訊，所以好笑的香蕉吸引經驗可說是多不勝數。

　　比如去芬蘭出差旅行回國時，當飛機起飛的震盪平息下來後，有位和我們僅隔一條走道的女性，突然對著身旁的小孩說：「吃香蕉！快吃香蕉！」她的孩子則回答：「我不要。」兩人拉高嗓門重複這段對話好幾次，害我們想大笑又不好意思，忍得很辛苦。

＊今日練習音檔中的做法說明：閉上雙眼，深呼吸，緩緩吐氣，重複幾次之後在腦中想像香蕉。浮現於腦中的香蕉是什麼樣子呢？散發出什麼氣味呢？吃下去是什麼味道呢？請觀察接下來的一週內，香蕉以什麼形式出現在身邊吧。

27

用集體潛意識連結香蕉

心理學家兼精神科醫師卡爾・古斯塔夫・榮格,曾提出「集體潛意識」的概念。根據他的說法,雖然每個人看似分散的獨立個體,但眾人的潛意識其實互相連結。在前面提到的香蕉吸引實驗中,就有很多能體現這個概念的有趣經驗談。我在這裡順便介紹幾個。

獨居生活的學生,上課時做了香蕉吸引實驗。回家後,他發現母親在他出門時來過,在桌上放了一串和想像如出一轍的香蕉。他母親很少來,之前也從沒買過香蕉,所以這讓他非常驚訝。

另一個學生在做完香蕉吸引實驗後,臨時被叫去打工。當他抵達居酒屋時,店長指著一根吊起來的香蕉說:「這是特地留給你的!」還有一個養狗的朋友,在做過香蕉吸引實驗後,愛犬竟然在晨間散步時叼回香蕉型的玩具。

我本身也有個有趣的經驗。幾年前,有次在研討會上做了香蕉吸引實驗。當天晚上回到家,看到地上有個飲料紙盒,以為是紅茶,不禁埋怨:「又來了!怎麼都不丟垃圾桶!」沒想到撿起來一看,盒上赫然寫著「香蕉拉西」。第二天我問兒子,他說:「昨晚我口渴,跑去超商買飲料,看到這個好像很好喝,

> \ 今天能做的小練習 /
>
> 再試一次第 71 頁的「香蕉吸引實驗」！
> 將出現的香蕉附上「＃願望加速成真」的標籤，
> 發表在社群平台上吧。

就買來喝喝看。」

　　還有一次是兒子念高中時的事。當時我因為有很想要的車，曾在入睡前念咒般地在心中默念：「香蕉、Lexus、香蕉、Lexus……」結果第二天早上，就看到兒子身穿香蕉色 T 恤，開心地嚷著：「今天學校有香蕉日的活動！」

　　我們每個人都彼此相連，尤其是家人和親近的人（還有寵物）。他們很可能會在無意間捕捉到你的思考和感情。

28

試著下訂很多很多夢想

　　有個能幫助實現夢想的工具，就是整理想去的地方、想得到的東西，將這些與夢想相關的照片貼在板子上，做成「尋寶圖」。距離我第一次把這個方法引進大學課堂，已經超過十年了。

　　當課程結束滿一年時，我會去採訪學生、收集資料。過程中，大家都會說同樣的話。一看到睽違已久的尋寶圖，他們會不約而同地驚呼：「啊，這個夢想也實現了！」畢竟貼了很多夢想的照片，不可能全部記得。做尋寶圖時，最渴望實現的目標一定會記得，但那些覺得「無所謂，怎樣都好」、很快就被遺忘的夢想，實現的機率反而更高。

　　原因就在於中性許願。**實現很高興，不實現也無妨，隨遇而安的心境，這種許願法是最強的。**第 68 頁也說明過，當你說出「絕對要實現！」「無論如何都要得到！」時，就代表內心有執念。執念的真面目是恐懼，越強烈越會帶來反效果。

　　中性許願的方法之一，就是下訂許多夢想。當數量一多，就會覺得不管哪個實現都很好，心情也會輕鬆不少。這和撒種子的道理相同，如果只種一顆，會把注意力（焦點）過度集中在那一顆上，總是惦記著「會發芽嗎？沒問題嗎？」，心裡容易

── \ 今天能做的小練習 / ──────

整理想去的地方、想要的東西,
為這些希望實現的夢想,收集很多很多的照片吧。

擔憂和執著。若換成到處撒、撒很多種子,感覺就比較輕鬆,頂多只會想:「不知道哪些會發芽。」所以夢想不分大小,都是越多越好。

29

相信直覺的建議

　　吸引力法則的最大祕訣，就在於中性許願（第68頁），我剛好有一段有趣的經驗。某年夏天，我突然想到很久沒好好看場煙火了。吸引力法則的第一步驟是對大腦下指令（下訂），所以我想像自己一邊看煙火，一邊感嘆「好漂亮～！好幸福～！」的情景。

　　就在這時，腦中浮現某個住大廈的朋友，從他家的陽台上就能欣賞煙火。我馬上聯絡那位朋友，問能不能跟他一起看煙火，朋友回答：「當天的行程還沒確定。」我就想：「能看到很幸運，看不到也無所謂～」過了幾天後，我收到令人開心的回覆：「我們可以一起看煙火了！」不過，這件事還有後續。

　　離煙火大會還剩五天時，朋友帶他的女兒們一起去游泳，看到有抽獎活動，決定試試手氣，沒想到竟然抽到兩個煙火大會的貴賓席，是從最前面算來第三排的位子。兩個女兒當下馬上說想要，他就把那兩張票讓給她們。

　　我玩抽籤和賓果常常沒中，只有在覺得「怎樣都好」時才會中獎。

　　用「怎樣都好」的心態，就能中性許願。在這裡，我要介紹一個效果卓著的方法，那就是「沒有關係舞」。乍看之下彷

＼ 今天能做的小練習 ／

跳跳看「沒有關係舞」。　→

https://daiwashuppan.com/event/6420/hikiyose36.mp4

彿冷笑話,但其實含意非常深奧。

發明這支舞的人,是正觀塾的副講師高島亮,他一直都在宣揚小林正觀(編按:作家、心靈學研究者)的思想。我也會在早上和夥伴一起跳這支舞。跳了幾個月後,直到某天才發現自己的想法變了,對很多事都有「反正怎樣都好～」的感覺。

邊唱歌邊搖擺身體,就能透過視覺、聽覺和觸覺,往潛意識植入回到中庸的思考習慣,效果非常好。請一定要試試看。

♪沒有關係～♪
♪沒有關係～♪
♪是東是西都沒有關係～♪

＊今日練習影片檔中的做法說明:將雙腳張開與肩同寬,輕鬆左右擺動。

30

聽從直覺而非思考

直覺和思考不同。你在日常生活中，都是聽從哪一方呢？

直覺是「直接感覺」的縮寫，也就是從潛意識直接傳來，無法言喻的感覺。思考是用顯意識想的事。你在日常生活中，是否有過以下的經驗？

1. 出現「啊！就是這個！」的直覺（潛意識）。
2. 不知該怎麼辦，左思右想（顯意識）。
3. 腦中冒出恐懼、不做的理由、做不到的理由，於是選擇放棄。這時候，你聽從的不是潛意識，而是顯意識（思考）。

愛因斯坦曾說：「順從直覺的心是神聖的禮物（天賦，寶貴的能力），講求合理的心則是忠實的僕人。」**順從直覺的心＝潛意識，講求合理的心＝顯意識**。我們一定要聽從神聖的禮物（潛意識），而非僕人（顯意識）。以往的社會太注重邏輯思考，若想獲得禮物，就必須反轉思維，改成注重直覺才行。

有一次，我得到一個可以在大型演講會登台的機會。

① 我憑直覺感覺到「啊！就是這個！」，便馬上回覆：「我想試試看！」（潛意識）

② 可是才剛答應，「我做得到嗎？」「我能力夠不夠？」

―――――― ＼ 今天能做的小練習 ／ ――――――

不經意想起某人時，試著不找理由，
直接聯絡對方，對他說：
「因為突然想起你……」

的恐懼，就一波波湧上心頭。（顯意識）

③我沒有屈服於恐懼，聽從直覺登台，結果這場演講讓我有機會更上一層樓，也因此認識了新的人脈。如果我當初以要先仔細想過才回覆為由再三考慮，聽從顯意識的聲音，最後應該會拒絕邀約吧。

「你」（顯意識＝僕人）該做的事，就是捕捉來自潛意識的直覺，依照直覺展開行動。**當直覺和思考給出不同的答案時，請聽從直覺。**

31
簡單分辨
直覺和思考的方法

　　上一篇說明了聽從直覺的重要性。那麼，思考和直覺要如何分辨呢？有一個簡單的判斷方式，就是看**是否能以邏輯說明理由**。

　　舉例來說，在決定去哪家公司上班時，顯意識的思維是：「我收到兩家公司的錄取通知，條件除了薪水之外幾乎相同，所以選 A 公司。」這就是能以邏輯說明理由。另一方面，從潛意識收到的直覺，會是：「我收到兩間公司的錄取通知，條件除了薪水之外幾乎相同。本來應該選薪水較高的 A 公司，但不知為何有不好的預感，所以還是選 B 公司。」這種訊息有時連自己（顯意識）都無法理解，說明不出理由。即使勉強轉為言語，也只能用「總覺得……」「不知為何……」來表達。

　　在那之後，就發生 A 公司倒閉之類的事。**直覺通常只送出答案，無法用合理的理由來解釋。**

　　即使到現在，學校教育仍著重於邏輯思考和計算，以鍛鍊左腦為主。雖然會在課堂上進行分析和討論，卻沒有磨練直覺的課程。

　　在這個資訊氾濫、世事瞬息萬變的年代，想迅速做出適當的判斷和決定，直覺的力量更是必要。史蒂夫・賈伯斯曾留下

\ 今天能做的小練習 /

試著拒絕讓你莫名不太想去的邀約。

「直覺比智商更有力量」的名言。**每個人心中都有名為直覺的優秀能力，要更多加利用才行**。能從自己心中得到答案，不覺得是一件很美好的事嗎？

32

出自生理反應的
莫名選擇

　　一定要好好珍惜只能以「總覺得……」「不知為何……」來表達，**無法以言語形容的感覺**。當我們使用直覺時，能更迅速地做出正確的決定。

　　愛荷華大學的認知神經科學研究團隊，曾利用卡牌遊戲，證明直覺超越理論，告知我們正確答案。現在就來介紹這項實驗。

　　有四疊覆蓋的卡牌（牌堆），受試者可從任一牌堆抽出一張卡牌。翻開牌，上面會寫「贏○美元」和「輸○美元」。遊戲的目的是設法把損失壓到最低，獲利達到最高。A 和 B 是可能大贏或大輸、風險極高的壞牌堆，C 和 D 是不會大贏大輸、能確實累積財富的好牌堆。必勝法就是只從好牌堆（C 和 D）中抽牌，但受試者完全不知情。實驗者想調查的，就是受試者何時會發現這個必勝法。

　　凡是頭腦正常的受試者，大概在抽到第 50 張時，就會「莫名」地預測到牌堆 A 和 B 的風險很高，到了第 80 張，他們就能合理解釋 A 和 B 風險高，選 C 和 D 比較好的理由。

　　其實在這個實驗中，會用儀器測量受試者的手，看汗腺對壓力產生反應時的出汗狀況。到第十張時，汗腺對壞牌堆產生

＼ 今天能做的小練習 ／

下次買飲料時，
試著靠「莫名」的感覺來挑選吧。

壓力反應，顯示受試者開始不自覺地採取迴避風險的行動。能透過莫名的直覺感應到「抽 C 和 D 好像比較好」，就是基於生理上的反應。

　　從這個實驗結果可以得知，**早在顯意識根據邏輯理解前，直覺就已經知道正確答案**。直覺能做出正確判斷，是基於流汗等身體細微的感覺。

　　由此可知是直覺在先，邏輯分析在後。直覺是在我們用思考理解前，大腦搶先送來的訊息。

33

「感、動法則」
磨練直覺的方法

　　以前我不相信直覺，總是三思而後行。畢竟我從小到大接受的教育都在強調：想到就行動太草率，應該先慎重考慮再行動，才不會失敗。

　　可是，在了解直覺的強大後，我也希望自己能使用這股力量。雖然直覺人人都能用，但如果以前沒使用過，還是必須透過練習想起原本的感覺。

　　磨練直覺很簡單！**每當你「不經意」「莫名地」想到什麼，試著馬上採取行動**。在尋找「為何會想到那個？」的理由前、在理性用「反正我做不到……」妨礙前，趕快行動看看。我把這個稱為「感、動法則」。

　　我是從小地方開始練習。比如，只要不經意地想起某人，就馬上聯絡對方；在餐廳點菜時，我會點一打開菜單就覺得好吃的餐點；逛書店時，發現覺得「好有趣！」的標題，就會不看目錄直接買。這麼做以後，好久沒見的朋友和她丈夫，成為我的研究範疇之一，也是正向心理學領域的知名研究者。另外，我也曾不慎點了尺寸驚人的比目魚，當魚上桌時，我跟餐廳隔壁桌的夫妻面面相覷，一起大笑。後來我和那對夫婦開始交談，因此得到研究的重要資訊。

\ 今天能做的小練習 /

試著在餐廳點直覺有「感」的餐點。

隨著訓練直覺的次數越多，猜中的機率也越高。當你憑直覺去「感、動」時，如果遇到意外的發展，就能記住此刻的感覺。

當直覺鍛鍊有成、猜中的經驗不斷增加，你就會越來越信任直覺。現在直覺來到時，你已經會選擇聽從直覺（來自潛意識的訊息）並告訴自己：「沒錯，就算目前還不清楚理由，我還是要做做看。」

別忘了，**我（顯意識）是潛意識的「僕人」。如果想收到禮物，就要聽從來自潛意識的訊息（直覺）**。只要能做到這一點，就不必步步為營，可以一口氣往前躍進。因為直覺能超越理論，省略所有既定的思考流程，從問題一下子跳到解決。

請你一定要試著訓練直覺。不必問別人，就能從自己心中得到答案，沒有比這個更令人安心的感覺了。

34

重視違和感

　　違和感是不須透過言語，直接從潛意識傳來的訊息，可說是一種直覺。雖然這感覺很微妙，無法合理說明哪裡有明確的不同，但**這種細微的違和感，在絕大多數的情況下都是對的**。

　　那麼，違和感又是什麼呢？根據線上版語意辭典的解釋，這是一種「失去和諧的感覺。突兀的感覺。異於常態，不自然的感覺。跟其他事物衝突，不太相容的感覺」。

　　有一次，我家在整修。整修期間，我暫時搬到家裡附近，但還是會不時回去查看。某天，我看到剛裝好的衣櫥門，就瞬間感覺到一絲違和感。不過，因為我無法做出合理的解釋，於是便忽略了這件事。

　　過了幾天，我才終於知道是哪裡不對勁。原來新衣櫥的門應該要比整修前高出 20 公分，工程人員卻弄錯了，裝上和整修前一樣高的門。當新裝上的衣櫥門映入眼簾時，我的潛意識馬上就知道那裡有錯，以違和感的形式通知我。當時的感覺是對的，我卻一直忽視，等到顯意識想起這件事，拿設計圖來比對、確定有誤後，已經又過了好幾天。

　　潛意識會像這樣不經由言語，而是透過違和感，將重要的訊息瞬間傳送過來。**直覺是強大的夥伴，可以比思考給出更迅**

＼ 今天能做的小練習 ／

請留意違和感。
只要感覺有一點不對勁，
就要馬上記錄下來。

速、更正確的答案。下次有違和感時，你可以把握這個機會，察覺來自潛意識、無法成為言語的重要訊息。一旦察覺後，能讓你透過理性去理解，用語言表達的時機，就會在不久後到來。

35

從夢裡汲取訊息

在顯意識不運作的睡眠中做的夢，屬於潛意識的範疇。我們每個人都能從夢裡得到必要的訊息。發明大王愛迪生有句名言：「一定要對潛意識許願後才能睡覺。」他入睡前都會在枕邊放紙筆，以便記下來自夢中的訊息。最近也有腦科學的研究證實，處於做夢狀態的快速動眼睡眠，可以提升創造力，更快解決問題。

來自夢裡的訊息不只能用來做世紀大發明，也能運用在日常生活中。關於這點，我就分享自己的某次經驗。

有一次，我多出兩張福音演唱會（發表會）的入場券，不知道該送誰。即使用大腦（顯意識）苦思良久，一時也想不出誰有空來聽。當天晚上，我在睡前許願：「請給個提示，告訴我應該邀誰來聽演唱會。」後來在黎明時分的夢中，出現了國中時期的朋友。

起床後，我不禁納悶：「夢裡出現了小 A，但我們已經有好一陣子沒見面，她也沒說過在學福音音樂。是不是哪裡搞錯了？」所以我在訊息寫：「昨晚夢到了妳。妳最近還好嗎？」就寄了出去。後來她回信寫道：「咦～!? 其實我正想聯絡妳呢。有些事想跟妳說⋯⋯」我便趁機問她：「我現在在學福音音樂，

\ 今天能做的小練習 /

在枕邊放好紙筆再入睡。

有兩張演唱會的入場券，妳有興趣來聽嗎？」她回覆：「我想聽。可以帶一個朋友去嗎？」結果兩張票就這樣解決了。

到演唱會當天，我才知道朋友帶來的人竟然是她的新男友！原來她聯絡我，是想向我介紹這位新男友。這兩張票簡直就像為我的朋友和那位男士準備的。

由此可知，**潛意識會針對顯意識無法解決的問題，給予提示或解答。**

36

這樣做就會好事連連

你現在的心情是好？還是壞？這些情緒都會引發吸引力法則。

量子力學是探討肉眼看不到的微觀世界。在這個領域，一切事物均被視為能量，同時具備粒子和波的特性。**跟自己釋放的波長產生共鳴的事物，會以現象的型態出現**，這就是吸引力法則。感情也是肉眼看不到的能量，同樣有頻率。

當你心情愉悅，就會引發共鳴，讓好事再次發生；當你心懷感謝，值得感謝的事也會再次發生。相反地，當你感到煩躁，就會發生令人氣憤的事。你散發的頻率，會把與之共鳴的人事物都吸引過來。

假設你得到一切想要的事物，過著最幸福快樂的人生，會以什麼心情度過一天呢？不論是剛睡醒、用餐時、工作時、跟朋友見面時，想必一整天都會心情愉快。你一定總是滿懷感激地想著：「我的夢想能實現到這種程度，都是多虧了大家的照顧。」

現在，請把意識調到體驗未來的頻道，去體驗這些感情。這跟將收音機調到想收聽的廣播節目是同樣的道理。如此一來，跟這種感情頻率產生共鳴的現實，一定會出現。最強的吸

＼ 今天能做的小練習 ／

吃愛吃的食物,讓自己開心一下。

引力法則,就是體驗未來的感情。

　請記得隨時監控自己的感情,增加心情舒暢、充滿幸福的時光。

　自己取悅自己,幫自己保持心情愉快,就能一口氣提升吸引力法則,讓好事和開心的事連連發生。

37

如何擺脫討厭的情緒

　　女兒要到東京念大學，必須搬去那裡住。她一直是我的心靈慰藉，我們母女感情也很好，所以我不斷把「媽媽會很寂寞～」「I'll miss you」掛在嘴上。

　　但這樣一來，注意力就越來越集中在「她要離開我」的事實上，讓我不禁悲從中來，眼淚決堤。就在這時，我突然領悟到：「啊，**這種感情是我自己用言語創造出來的。**」我滿腦子想著她不在了，重複說著「好寂寞，好寂寞」，對大腦下達「不在了」「好寂寞」的指令。更糟的是，反覆練習還會進一步強化指令。

　　發現這一點後，我就不再說「我好寂寞～我好寂寞～」，開始想：「孩子終於長大了，自己的時間也變多，乾脆開始培養新的嗜好吧。該做什麼好呢～」「既然不必每天回家做晚飯，以後工作也不必考慮要幾點回家了」，刻意把意識轉向能做的事、開心的事後，悲傷的、寂寞的心情就得到抒發，之後也幾乎不再出現。

　　幫女兒搬家到東京後，我準備回神戶。在車站，我對女兒說「Bye! I love you!」並抱了她一下。當我往反方向的月台走去時，心情難免落寞，但我知道這股情緒是從何而來，所以比

\ 今天能做的小練習 /

請說五次「好高興喔～」。

之前能更快切換情緒，也馬上開始享受女兒不在身邊的生活。

我們用言語創造思考，用思考創造感情。想改變感情時，改變言語也是一種有效的方法。情緒是暫時的狀態，會不斷變化。每個人都有討厭的心情，但保持好心情才是終極的吸引訣竅。盡量花些心思，快點擺脫討厭的心情，方為上策。

好寂寞，好寂寞喔。

要開始培養什麼嗜好呢？

38

被誇獎時要說謝謝

俗話說：「謙虛是一種美德。」謙虛的精神固然好，但要注意用字遣詞。

比如被誇獎時，你會說「不，我還不夠成熟」「我表現完全不行」嗎？因為太理所當然，就算平常會說，你也可能沒注意到。不過，如果經常這麼說，你的大腦就會搜尋「不夠成熟」「完全不行」，並展現在你的世界裡。你可能已在不知不覺間拉低了自我肯定感。

尤其是開口講話時更要注意。當你把腦中的想法，藉由聲音說出口時，大腦會發出指令，振動喉嚨的細胞，製造聲音說出話語，再聽進耳朵，轉為聲音訊號送回大腦，進行理解和強化。這種現象稱為「聲音循環」，跟維持及穩固訊息記憶，以及提升學習效果都有關係。

你會聽到自己說的每句話，在大腦裡形成記憶。

我以前也常把「不，您過獎了」「我還有待加強」等自謙之詞掛在嘴上，直到某天無意間發現用字遣詞會對人生造成多大的影響後，我才刻意改成回答「謝謝！我好開心！」「承蒙○○的誇獎，真是榮幸！」，並在心中默念：「我知道！我知道！」無論對方是出於客套還是真心都沒關係，要不要坦率地

> \ 今天能做的小練習 /

受到誇獎時，請試著說：
「謝謝！我很高興！」
「承蒙○○這麼說，真是榮幸！」

接納和道謝，由我自己決定。

這也是在訓練自己接受自身的優點。實踐後，自我肯定感也會自然地上升。自己的好無庸置疑。**只要像這樣對潛意識進行改寫，現實就必定朝這樣的方向發展。**

謝謝誇獎。

你做得真的很好！

39 人人都能發揮想像力的簡易方法

引發吸引力法則共有三個步驟：

第一步，用文字寫下來。好處是能把心中看不見的想法視覺化。

第二步，用聲音說出來。除了讓別人知道外，聲波還能透過骨骼的振動，傳遍身體的每個角落。自古流傳的神聖經書中，提到「諸神說有○○」，創造了人類和動物。雖然神不用書寫也不必想像，不過以人類的情況來說，當想像的密度升高，成為現實的可能性也會一下子提高。

第三步，開始想像。想像有個別差異，有人擅長、有人不擅長；有人腦中無法浮現立體影像、有人用平面就能看到；有人看是黑白、有人看是彩色；有人能看到逼真的3D模型，外加360度旋轉；有人甚至附帶香味和聲音。舉個例子，要是我說「高70公分，寬90公分，深90公分，天花板厚度3公分，桌腳是圓柱狀，材質是櫻花木的桌子，最後要推油塗裝」，大概也只有建築相關業者能想像得出來吧。但只要看照片，就能一目瞭然。

光靠想像就能鍛鍊肌肉的視覺化資料，在第218頁也會介紹。但**無論想像力是高是低，只要搜尋照片，找到和願望相近**

— \ 今天能做的小練習 / —

請針對「健康時才能做的事」，
試著尋找相關的照片。

的圖像，每個人都能發揮想像力。

先用文字寫下來，再用聲音說出來，最後依照說出的話尋找照片。如果找到符合的照片，就列印出來，擺在常看到的地方。

關於想像圖片和照片對開發可能性帶來的影響，剛好有一個案例跟大家分享。

機器人的概念，是在名為《R.U.R》（羅梭的萬能工人，卡雷爾‧恰佩克著，1920年）的戲劇中首次出現，戲中人類穿著類似盔甲的金屬製服裝登場。這部作品才問世三年，就被翻譯成30國語言。就連《星際大戰》裡的 C-3PO，外表也跟戲中的角色類似。

另一方面，日本也有《原子小金剛》登場（手塚治虫著，1952年於光文社的《少年》漫畫雜誌開始連載。動畫版則在 1963~1966 年於富士電視台播放）。這部日本首次出現的 30 分鐘電視卡通，讓當時的男孩女孩為之著迷，連重播的收視率也很高。為何從本田的 ASIMO 到軟銀的 Pepper，日本的機器人大多外觀圓滑、造型可愛，或許就是因為《原子小金剛》親近人類善良體貼的形象，對開發人員造成了影響。

40

為何不期望的事會馬上實現？

有人在諮商時向我抱怨：「遲遲無法吸引到想實現的願望，不希望的事卻馬上就吸引成功⋯⋯」

舉例來說，如果你原本這樣想：「好期待下週的同學會，但要是孩子發燒就糟了。討厭啦，真希望他不要發燒⋯⋯」結果到了同學會當天，孩子真的發燒，於是你又想：「唉～果然這樣⋯⋯真失望。」像這樣的經驗，你是不是也有過呢？

不希望發生的事，我們不會想「要怎麼做才會實現」，更不會想「要用什麼方法才能讓孩子發燒」。這邊有一個關於願望實現的重要提示。

不希望發生的事容易實現，是因為你只想像，不思考方法。你透過想像不希望「孩子發燒」，順利地體驗了發燒的未來，感受到討厭的心情，所以這件事才會化為現實。

若是關於希望實現的事物，我們會馬上聯想到手段。但只要開始思考要怎樣才能實現，就容易得出好難、沒辦法的結論。

請記得，**妨礙夢想實現的，其實是你的想法。**

既然能順利吸引到不想要的事物，那用同樣的方式也能吸引到想要的事物。這方式就是別靠自己（顯意識）去思考，只要想像實現的結果，透過體驗未來，感受當下的情感，至於實現

實踐篇｜願望實現時，你會發生什麼事？　099

———————— \ 今天能做的小練習 / ————————

請試著寫下三件不希望卻實現的事。

的手段，就交給潛意識。請按照第102頁的說明，選個不會被思緒妨礙、適合想像的時間帶或狀態，專心想像希望的結果即可。

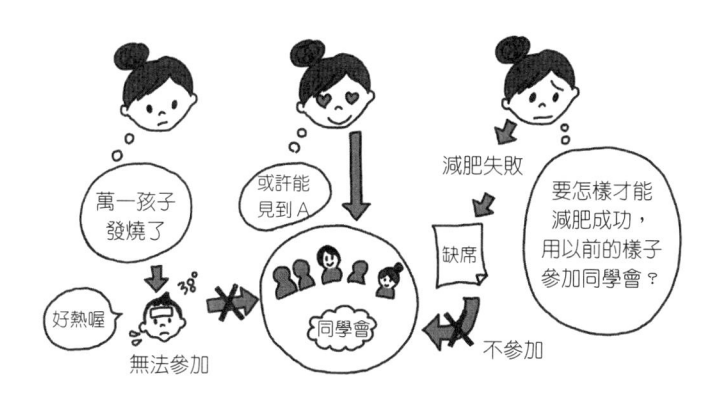

萬一孩子發燒了
好熱喔
無法參加

或許能見到A
同學會

減肥失敗
缺席
不參加

要怎樣才能減肥成功，用以前的樣子參加同學會？

41

孩童都是想像高手

有一次，教過的鋼琴家邀我去聽演奏會，我就帶當時還在念國小的女兒同行。鋼琴和弦樂器的合奏非常美妙，而且拉小提琴的也是個小學生。散場後，女兒不知道是不是受到那位小朋友的感召，突然在回家路上表示：「我想學小提琴！」我表面上說：「是喔，妳想學小提琴啊？」心裡卻嘀咕：「咦？小提琴？不是才剛放棄學鋼琴嗎……她是真的想學嗎？會不會只是一時衝動……況且小提琴很貴……」

不過看女兒很認真，我也開始思考。我沒學過小提琴，所以一無所知，要去哪裡買琴、價錢多少才符合行情、有沒有朋友會拉小提琴……各種問題在腦中不停打轉。

後來又過了幾天，我和女兒一起去上烹飪教室。回程的路上，女兒忽然說：「媽媽，我找到小提琴了！」我聽了嚇一跳，她接著說：「M 阿姨說她有。」M 女士和我一樣為人母，也去同一間烹飪教室上課。後來我問她這件事，她說：「我孩子還小時有讓他學小提琴，不過現在用不到了，就給妳們吧。」結果我才花 5,000 日圓就買到小提琴。

我完全不知道 M 女士曾讓她兒子學小提琴。為了找小提琴，我想盡各種辦法，但女兒卻**完全不想方法，只想像希望的**

＼ 今天能做的小練習 ／

請想像自己已經在使用想要的東西。

結果，也就是「快樂地拉著小提琴的樣子」。這個對比實在太鮮明，讓我不禁啞然失笑。

小孩子真的很直率，他們不會受「不可能○○」的想法妨礙，也很少思考要用什麼手段，所以才能以出乎意料的方式馬上「吸引」。**孩童是想像高手**，我們應該向他們學習。

媽媽，我找到小提琴了。

咦～～!!??

42

最適合想像的時間

「光靠想像，真的能順利嗎？」「如果靠想像就能實現，那人人都能實現一切的夢想了。」「對我來說很難。」

像這樣的**腦內雜音**，**會妨礙想像**。我在第98頁說過，妨礙者其實是自己（顯意識）。白天時，顯意識有壓倒性的優勢。當我們思索和擔憂時，腦波的頻率會呈現 β 波（12-25赫茲），無法順利靠想像描繪夢想。

最適合想像的狀態，是顯意識（思考）功能不彰的時候，也就是入睡前、剛醒來，以及放鬆的狀態。從腦波來看，是呈現 α 波（8~12赫茲）和 θ 波（4~8赫茲）。

進行意象訓練時，需要放鬆身體，深呼吸，閉上雙眼。這是為了降低大腦的轉速，使副交感神經處於優勢，以提高效果。事實上，一旦閉上眼睛，α 波就容易出現。

每個人都有顯意識不運作的黃金時間帶。你猜是什麼時候？就是睡覺時。當我們睡著後，顯意識降至0％，潛意識變成100％。在入睡前昏昏沉沉，以及剛起床半夢半醒時，顯意識都不太靈光，腦波下降，腦內的雜音也很難出現。這就是最適合想像的時機。

據說發明家愛迪生在午睡意識朦朧時，曾接收到很棒的靈

實踐篇｜願望實現時，你會發生什麼事？

＼ 今天能做的小練習 ／

試著一邊午睡，
一邊想像「若能這樣就太好了」的情景。

感。只要每天在入睡前和剛起床時，趁半夢半醒之際一邊想像「若能這樣就太好了」的情景，一邊暗自竊笑（竊笑時的心情和願望實現時類似），就能巧妙地將想像植入潛意識。

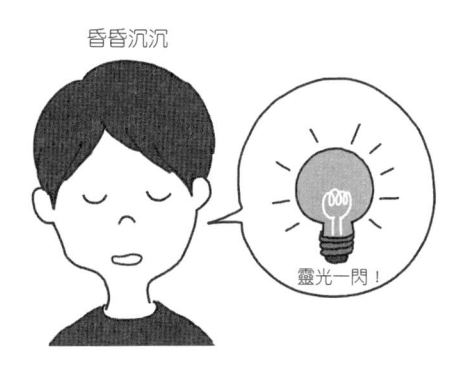

昏昏沉沉

靈光一閃！

43
如何讓自己覺得「今天是美好的一天」

　　晚上入睡前和早上剛起床時，是用想像發動吸引力法則的最佳時間帶。

　　大腦整理記憶和強化長期記憶，都是在深眠中。如果帶著煩惱和壓力就寢，難以進入深層睡眠，會導致記憶力、學習力、決策力低下，以及情緒不穩等問題。所以我要在這裡分享**不帶著煩惱入眠，又能發動吸引力法則**，可說是一舉兩得的方法。

　　首先在床上躺下，閉上眼睛深呼吸。如果把意識集中在呼吸上，緩緩吐氣，會比較容易放鬆。請你試試看。接下來，請想像在心臟四周有條閃耀著七色光芒的彩虹河在流動。每當有煩惱和不好的念頭冒出來，就想像自己把這些煩惱和念頭放進彩虹河。一開始煩惱和念頭可能會出現得很頻繁，但只要每晚持續這麼做，就會漸漸平息，不再出現。就算在這個階段結束，也能達到放鬆的效果，一樣有好處。

　　等到不好的記憶和感情不再出現後，就能開始想快樂的事。你可以回想喜歡、快樂的事，描繪夢想和願望真正實現的景象，感受幸福的滋味。在這種狀態下入眠，就像遊戲的紀錄點，能讓你在第二天早上從幸福的一刻醒來。

　　早上剛睡醒時，應該還沒有完全清醒，你可以趁這時**對小**

今天能做的小練習

早上起床後,
就馬上開始抄寫《3分鐘未來日記》吧!

事表達感謝,讓心靈獲得滿足。**要是想不到要感謝什麼,不妨說:「今天也活著醒來,謝謝。」**然後,一邊想像小確幸發生的情境,一邊起身。據說這樣會讓你更容易覺得今天是美好的一天。另外,如果拿《3分鐘未來日記》(方智出版)照著抄寫,也能得到相同的效果。

只要記住快醒來前的身心感覺,就算遇到意外,也能讓自己回到早上的感覺。無論情緒處於高點還是低潮,都能瞬間恢復成中庸、中性的狀態。

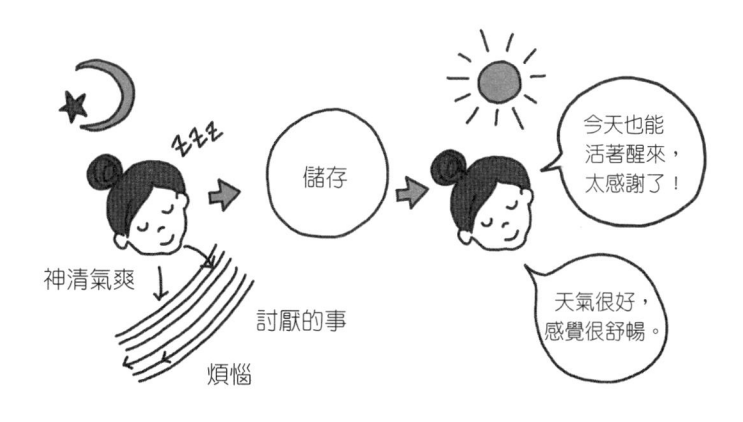

神清氣爽 → 討厭的事 → 煩惱 → 儲存 → 今天也能活著醒來,太感謝了! 天氣很好,感覺很舒暢。

44

「沒有沒有模式」和「我有我有模式」

當你想吸引某樣事物時，要留意內心的狀態。「想要○○」，換個說法就等於「現在沒有○○」，比如想要錢就是沒錢，想要伴侶就是沒伴侶。

處於這種狀態時，越強烈地想著「我要、我要、我要」，越會招來反效果。因為這是對大腦下「沒有、沒有、沒有」的指令，會讓大腦更積極地找「沒有的狀態」。當你渴望什麼、想要什麼時，**首先必須把內心的狀態從「沒有沒有模式」切換到「我有我有模式」**，這一點非常重要。

如果說「沒有沒有模式」的匱乏感是不滿的心情，「我有我有模式」的滿足感就是感謝的心情。所以，我們要從感謝現在已經有的事物開始，像是「我有健康的身體，太感謝了」「我有房子住，太感謝了」「我每天都有飯吃，太感謝了」等。心中充滿感謝，維持這個狀態，想像渴望的事物已經到手的情景，感受「啊，太感謝了」的心情。

要想像目前尚未得手的事物有個訣竅。讓大腦誤判為「已得到」的感情是滿足感，而帶來滿足感的終極感情，則是感謝。所以，訣竅就是**先提前體驗感謝的心**。

\ 今天能做的小練習 /

請試著寫下十個你現在「有」的事物。

現在已經有的東西	
1)	6)
2)	7)
3)	8)
4)	9)
5)	10)

45

圖像＋語言，
同時運用左右腦

許多研究均已證實，**將腦中看不到的事物視覺化**（變得能看到），對實現夢想很有幫助。

一旦視覺化，就能客觀地觀察。

舉例來說，你可能也試過寫下目標貼在牆上、寫在手帳上的方式。這是作用於左腦的方法，因為語言由左腦掌管。

除此之外，也有利用照片、影像或圖畫，讓夢想視覺化的方式。這是作用於右腦的方法，因為圖像由右腦掌管。相較於左腦記憶，右腦記憶不僅處理速度更快，還能記住大量的資訊。所以**比起用文字寫下夢想和目標，運用圖像更容易留在長期記憶裡，效果遠勝於文字**。

根據白斐歐（編按：西安大略大學的心理學教授）的雙碼理論，讓記憶持久的最好方式，就是同時使用左右腦，把圖像和語言互相結合。所以在象徵夢想的照片旁加上文字，效果最顯著。

比方說，夢想住在嚮往的度假飯店，享受悠閒時光，就可以用那間飯店的照片，配上「能度過優質時光的奢華飯店」「放鬆一下～」之類的標語，這樣夢想就會化為現實。

你可以為自己想實現的夢想尋找象徵圖片，加上文字貼在隨時看得到的地方。雖然是個小技巧，卻能發揮數倍的功效。

\今天能做的小練習 /

為想實現的夢想尋找象徵照片,
加上文字,貼在隨時看得到的地方。

能度過優質時光
的奢華飯店

放鬆一下～

46
觀察「心智游移」帶來的效果

思考有兩種。

第一種是從現在開始擬定溫泉旅行計畫、計算這個月的銷售總額等自主性的思考。

第二種是腦海中自然浮現的想法。請試著放空腦袋，開始發呆。你能預測從現在開始的十秒後，自己會想到什麼、冒出什麼點子嗎？應該沒辦法吧。「忘了寄信給那個人！」「昨天和大家一起喝酒，喝得真開心～」「不知道○○最近過得好不好」……總之什麼想法都會出現。我們只要醒著，腦中就會源源不絕地冒出許多想法。

這種**每天出現、無法預測的「心智游移」，會在不知不覺間掌控我們**。心智游移的模式因人而異，有人會經常想起過去的懊悔，也有人會一直想到未來的不安。

若想了解心中會出現哪種心智游移，靜心是很好的方式。做法並不難，只要**閉上眼睛，觀察有什麼念頭浮現就好**。你要假設一個不是自己、類似用錄影機拍攝的第三人稱視點，無論什麼念頭出現都不深究，靜靜旁觀即可。

要是能發現自己特定的思考模式，就是很大的進步。雖然我說過思考會化為現實，但平時未察覺的思考模式，其實也很

實踐篇｜願望實現時，你會發生什麼事？ 111

———————— ＼ 今天能做的小練習 ／ ————————

請挪出十分鐘，
閉上眼睛，試著觀察有什麼念頭出現。

常成為現實。一旦發現，就可以照自己的喜好來改變。

我就是靠這個方法，發現自己有愛操心的思考模式，因此改掉了過度擔憂的毛病。

47
不努力就能實現夢想的簡單方法

你是不是有「努力很好，不努力很糟」的印象呢？這裡說的努力實現夢想，是指自己（顯意識）拚命努力。至於不努力實現夢想，是指自己（顯意識）在不自覺的情況下採取某種行動，以致夢想成真。

若想引發不自覺的行動，就要改變不經意地從五感傳入的資訊。如此一來，你的思考和行動也會在不知不覺間改變。這種機制稱為「啓動效應」，在心理學的研究上也已獲得證實。

舉例來說，把跑者突破終點線的照片刷淡作為背景的資料拿給接線生看，他們的工作表現就會不知不覺提升。另外，在另一年實驗中，讓某個小組先用與「好成績」相關的語詞練習，再來玩拼圖，得到的成績也比沒練習的小組要高。

上述的成果都是不自覺的行動，也就是不努力行動所帶來的。再舉個例子，有位來修課的學生想搬家，就把坐在漂亮的沙發上看著風景的照片，貼到尋寶圖（第74頁）上。一年後我去採訪那位學生，當他久違地再次審視尋寶圖時，表情顯得非常驚訝。為什麼呢？因為他明明忘記想搬家的願望，卻已經搬完家了。雖然尋寶圖一直放在玄關，卻在不知不覺間成了「背景畫」。這幅圖在顯意識未察覺的情況下，不斷向潛意識發送

── \ 今天能做的小練習 / ──

把身在理想住家的照片，
貼在會不經意看到的地方。

搬家的視覺訊息，導致他無意識地做出搬家的舉動。

改變會不經意映入眼簾的視覺資訊，就是不努力就能實現夢想的簡單方法之一。

48

願望容易實現的頻率

常有人說,只要保持積極的心態,願望就會實現。但實際上,當心靈處於平穩的特定頻率時,願望更容易實現。所以**常懷感謝,內心保持平靜,願望就容易實現**的說法,或許才是正確的。

據說在佛堂、供桌、神佛前為他人祈禱時,會散發特定的頻率。以前有朋友身體不適住院,我和其他朋友一起為他祈禱。沒想到,每當我們祈禱時,朋友身上的儀器數值就會出現改善,而且不只發生一次。由此可知,祈禱是有頻率的。有人為世界各地的僧侶和神官測量,發現他們在祈禱時也有固定的頻率。

地球有名為舒曼共振的電磁訊號,頻率為 7.83 赫茲。

腦波有各種名稱:1~4 赫茲為 δ 波,4~8 赫茲為 θ 波,8~12 赫茲為 α 波,12~25 赫茲為 β 波,25 赫茲以上為 γ 波。**據說當思考處於和自然同調的頻率時,願望比較容易實現**。當腦波位於 θ 波和 α 波的交界時,就和舒曼波的頻率幾乎相同。

當我們積極思考時,會發出大腦處於活動中的 β 波,這時要實現願望就不太容易。

最好將不安從潛意識排除,換成安心感(請參考第 104 頁),以保持平穩和正向的心態。安靜入眠時的腦波,相當於放鬆時

> 今天能做的小練習

一邊想著快樂的事，
一邊入眠吧！

的頻率，和地球的頻率正好同調。

因此，趁入睡前想些正面的事，可以說是最好的做法。

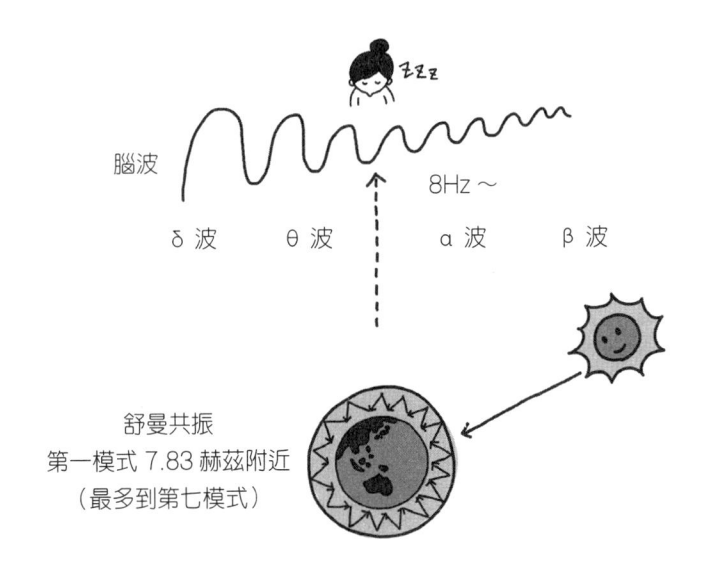

腦波

δ波　　θ波　　α波　　β波

8Hz～

舒曼共振
第一模式 7.83 赫茲附近
（最多到第七模式）

49

一口氣改寫潛意識的絕招

　　常有人問我:「願望從許下到實現,大約要花多少時間?」這答案不僅因人而異,每個人的體驗也不盡相同。

　　例如,在經歷親人去世、九死一生、破產等足以改變人生觀的體驗後,願望會變得非常強烈和單純。**遭遇衝擊性強、能瞬間顛覆以往常識的事件,會讓潛意識被一口氣改寫**。所以,如果你現在遇到危機,很可能就是轉機!

　　假如你的願望是「雖然日子過得還算幸福,但不知為何一直單身,所以想找個伴侶」,可以用寫在紙上的方式,去察覺、放下你不需要的成見,然後改寫潛意識,讓潛意識朝著期望的方向前進。只要重複這個流程,就能看到效果。

　　我要在此分享兩個改寫潛意識的方法,兩者要耗費的天數不同。

　　第一個是每天反覆改寫。把不需要的成見拋諸腦後,替換成你需要的觀念,並透過實際抄寫《3分鐘未來日記》,喚來幸福與富足。一開始,只要把每件幸運的小事都記錄下來,就能知道改寫潛意識的天數。

　　第二個是改變房間布置。**雖然需要瞬間的決心,以及數日的精力,不過這是能最快改寫潛意識的方法。**

\ 今天能做的小練習 /

試著開始寫《3分鐘未來日記》!

　　實際嘗試後,跟家人關係變好、對工作更樂在其中的人,可說不計其數。也有人連罐裝咖啡都買不起,到了下個月卻一躍成為月收百萬。有人為了讓壽命所剩無幾的父親看到自己當新娘的樣子,努力尋覓對象,後來她放棄相親聯誼,依自己的風格重新布置房間,沒多久就遇到理想對象,順利結婚。

　　首先要把理想的自己畫在紙上,再把房間布置成接近這個形象的風格。潛意識之所以棘手,就在於肉眼看不見。以往我們都是隨意地布置房間,因此要刻意按照你追求的形象去改變風格。以我的學員為例,改寫潛意識所需的平均天數,大約是改變房間布置後一個月。**因為把希望的潛意識視覺化了,所以只要在那個房間開心生活,就能讓人生出現戲劇性的轉變。**

50 用「吞口水法」了解內心的抗拒

當你決定不做內心抗拒的事,吸引到好事的機率就會提高。

那麼,內心抗拒是指什麼狀況呢?內心抗拒並非來自大腦的理性部分,而是你的真心,也就是潛意識在抗拒。**深植於潛意識的想法,會透過身體的自動反應告訴你**。有研究報告指出,運用肌肉反射測試,可以有效地拆穿謊言。但只靠自己,很難正確地進行肌肉反射測試,所以這裡介紹一個以身體反應為簡易指標,能個人單獨執行的「吞口水法」。雖然這方法在科學上的證據並不充分,不過我長年於講座中使用,參加的學員也都很喜歡。

首先,說出下面的例句,然後吞口水,看口水有沒有順暢地流過喉嚨。

「我是○○(你的名字)。」

當你說出名字時,如果口水順利通過喉嚨,通過就是你的「是」;如果不太順暢,感覺卡卡就是你的「否」。

接下來,為進一步確認,我們來做簡單的練習。你可以針

\ 今天能做的小練習 /

做吞口水的練習，
確認內心的「是」與
「否」（抗拒的事）吧！

對在超商隨手拿起的飲料，或是在餐廳打算點的菜，說出「我想喝／吃○○」，再試著吞口水，看口水是否能順利通過喉嚨。

以後不管做什麼事，你都可以說「我想○○」，然後吞口水。依照身體反應的「是」或「否」，就能預測你是往幸運或不幸的方向前進。

以前嘗試吞口水法時，有位女士主動分享心得。

「一直以來，我都是過著女兒身男兒心的生活。今天我不管吞了幾次口水，出現『是』的都不是女性，而是男性。因此，我決定勇敢面對。我的心是男人。從今天開始，我想以男人的身分活下去。」

這個例子告訴我們，**當出現和想法不同的反應時，一定要留心觀察背後的原因**。當感測器警告內心正在抗拒，卻又必須做那件事時，請試著找到讓內心比較輕鬆的方式。

51

快樂結局添加法

　　在發覺內心閃過負面思考的瞬間，只要立刻加上快樂結局，快樂結局就會比負面思考更容易實現。正因為「快樂結局添加法」的成功率高得驚人，讓我對吸引力法則越來越著迷。

　　負面思考會成為現實，是因為思考的能量夠強大。如果將這強大的能量直接導往好的方向，不就能發生好事了嗎？

　　當我察覺到這點時，某個腦科學家說的**「大腦只記得最後說的話和想的事」**，就恰巧映入眼簾，讓我立即有感，靈機一動。

　　察覺到負面思考時，若立刻加上快樂結局，就能把負面思考的巨大能量原封不動地導引至好的方向，讓快樂結局實現！

　　我馬上開始實踐這個方法。每當察覺到負面思考，就立刻補上幸福的想法或言語，具體做法大概就像：「沒錯，我一定會△△……（察覺負面思考的瞬間）然後一定會○○！（加上快樂結局，露出笑容）」這麼做以後，快樂結局真的開始實現。這樣的吸引體驗讓我大吃一驚，感覺就像得到魔法。

　　我把這方法命名為「快樂結局添加法」，每天都享受著它帶來的好處。直到某一天，**我赫然發現自己不再出現負面思考，而是從一開始就出現快樂結局的想法或言語**。從這一刻起，原

> \ 今天能做的小練習 /

開始嘗試「快樂結局添加法」。

本深植於潛意識的無用認知,順利替換成我希望的概念。

跟這種體驗相關的大腦記憶研究,目前仍在進行中。不過像是資訊的開頭部分容易留在長期記憶中的「初始效應」、最終部分容易留在短期記憶中的「時近效應」,以及途中發生的事難以形成穩固記憶,但只要反覆學習,就能讓資訊進入長期記憶等理論,依然廣為人知。

快樂結局添加法在書籍和講座的介紹下,博得廣大的好評。我尤其推薦想改寫負面思考的人嘗試,因為更可能出現巨大的轉變。

在發覺負面思考的瞬間,要立刻加上幸福的想法和言語。若想在第一時間迅速加上快樂結局,可以事先準備幾個固定句型。請堅持一段時間,看看會有哪些好處吧。

52

將夢境的指示
用在實現願望上

　　近年來隨著腦科學的進步，夢境的相關研究也在持續進行。我在本篇講述的內容，從科學觀點來看並沒有根據，然而，這是一個把夢境活用在實現願望上的真實案例。

　　某一天，我們全家人齊聚在決定重建的老家，一起準備房屋權狀等相關資料，但重要的權狀卻不翼而飛。由於遍尋不著，只好把正式簽約日期往後延。母親和嬸嬸互相推諉責任，指控對方弄丟房契，甚至開始打架，讓我在一旁看得傻眼。

　　後來因為拆除日將近，我們便收拾老家，母親也暫時搬來和我同住，並從老家帶來古老的黑色衣櫃。當晚，已過世的外祖母竟然出現在夢中，清楚地告訴我：「房契和奶奶的照片疊在一起。」然後隨即消失。順帶一提，外祖母稱呼自己是用「我」，所以她口中的「奶奶」指的是外曾祖母。

　　當時母親和我有些嫌隙，平常根本不會聊到夢的話題。但我總覺得這件事非說不可，於是第二天對她說：「奶奶出現在夢中，說房契和外曾祖母的照片疊在一起。」母親一聽馬上衝向黑衣櫃，打開找過無數次的小抽屜，剝開鋪在底部的泛黃報紙，拿出壓在下面的褐色信封。信封裡有幾張出生於明治時代，容貌美麗的外曾祖母擔任白粉（譯註：一種傳統化妝品，為白色粉

> 今天能做的小練習

睡前把紙筆放在枕邊，
試著記錄夢境吧。

(未狀)模特兒的照片。當母親抽出照片，一張紙從照片背面掉下來，仔細一看，竟然就是老家的房屋權狀！

這件事給我帶來巨大的衝擊。在篤信科學實證的我看來，簡直是神祕事件。雖然我對不可思議的世界依然存疑，但房屋權狀事件還是成為契機，讓我開始覺得夢境和另一個世界可能真的互相連結。

想像一下，萬一哪天你突然去世，成為肉眼看不見的存在時會如何？在瀕死體驗告一段落後，你唯一能做的，不就是為還活在世上的家人和親友暗中祈福、提供支援嗎？相信祖先們一定也會為你的幸福祈禱，提供協助與聲援，並在有難時伸出援手，藉由夢境給予忠告。

經歷房屋權狀事件後，我開始注意夢境。**如果你也做過類似祖先託夢的夢，一定要把日期和內容記錄下來，不然很快就會忘記。**說不定在這些夢裡，會出現能用在現實中的建議。

53

哼歌對吸引力法則很有效

　　歌曲對潛意識的影響，也是非常強大的。例如童年時常唱的歌，即使隔了數十年再唱，依然琅琅上口，副歌一字不漏，自己都會嚇一跳。你有過這種經驗嗎？這是因為歌曲已成為潛意識中的長期記憶了。

　　你有沒有不自覺就會哼唱的歌？會不自覺哼唱，代表重複了很多遍。如果你經常哼唱描述失戀的歌，歌詞中反覆出現「悲傷」「一個人孤零零」等詞彙，這些字眼就會在不知不覺間植入你的潛意識。

　　由此可知，**哼歌時一定要刻意挑選歌詞，最好有能讓我們想起自己期望什麼世界的詞彙。**

　　哼歌之所以效果顯著，還有一個很大的原因，就是我們用自己的聲音，讓喉嚨和細胞振動。聲音有頻率，像「DO」和「SO」的音高不同，是因為頻率（振動數）不同。你看過用聲音震碎酒杯的影片嗎？這是讓聲音和酒杯的頻率一致，產生共振，才能引發的現象。所以靠發聲和唱歌，也可以和特定的頻率產生共鳴。

實踐篇｜願望實現時，你會發生什麼事？　125

\ 今天能做的小練習 /

〈預祝之歌〉。

https://www.youtube.com/watch?v=QMQNrv0CVKw

54

「未來合成照」的實驗

大腦會產生錯覺。以下方的插圖為例,兩根線明明等長,看起來卻不一樣長。你應該也看過這張圖吧。

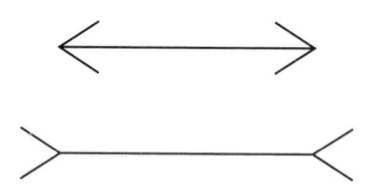

在日本環球影城和東京迪士尼搭乘 3D 遊樂設施時,你是否會忍不住閉上眼睛,身體用力呢?雖然自己(顯意識)知道眼前只是平面圖像,但身體反應依然變了。

今天我要介紹一個利用大腦錯覺的有趣實驗,名為「未來合成照」。這個實驗是要**製作合成照片,讓大腦信以為真,進而引發那個現象**。現在電腦繪圖的技術很發達,可以合成出真假難辨的照片和影片。現在就來分享我們實際做過的實驗吧。

出版《科學證實!吸引力實驗集》時,我們做出想像那本書在書店成為暢銷冠軍的合成照片。結果你猜怎麼樣?竟然真的出現如右頁照片的景象。之後,我們又想像自己的書銷往全

\\ 今天能做的小練習 /

做做看「未來合成照」。

世界，讓幸福越來越擴散的未來。為了讓這個想像更明確，我們做出自己跑遍全世界、開新書發表會的合成照片。現在就連這個夢想，也已經在三個地方實現。

有朋友在臉書介紹書，我們看到以為書出版了，沒想到是合成照片。不過後來那本書真的出版了，就跟照片一樣。

當大腦產生錯覺，讓潛意識信以為「真」，現實就會往那個方向發展。你也可以試著合成照片，做完後把照片放在會不經意看到的地方，或許就能引發啟動效應，讓夢想以意想不到的方式實現！

55

試著建立「未來資料夾」

　　如果接下來有想做的新工作，可以建立跟那工作有關的資料夾，為它命名，然後放在自己常看到的地方。

　　例如，之前真由美發現一本內容出色，卻尚未翻譯成日文的英文書。她想將這本書引進日本，就在電腦設立資料夾，取了幽默的名稱「翻譯蒟蒻」。過沒多久，就有人找真由美翻譯迪帕克・喬普拉博士的書，之後她陸續翻了兩本。

　　弘美還沒從事「房間魔法的空間治療」工作時，也建立過資料夾，在裡面放進以日文五十音排列的顧客名單。沒想到才一眨眼工夫，裡面就已經有一百名顧客的檔案了。

　　我們共同執筆第一本書《科學證實！吸引力實驗集》時，也曾在 Google 雲端硬碟設立資料夾。為了往後的合著，我們預設七個資料夾。如今這本書已經是我們的第四本合著。

　　你也可以**為自己的工作建立相關的「未來資料夾」，取個有趣的名字，放在常看到的地方**。如果是電腦資料夾，最好放在桌面上。這樣啟動效應就會運作，讓下意識的想法和行動產生變化。請一定要試試看。

實踐篇｜願望實現時，你會發生什麼事？ 129

＼ 今天能做的小練習 ／

在電腦桌面建立
「未來資料夾」。

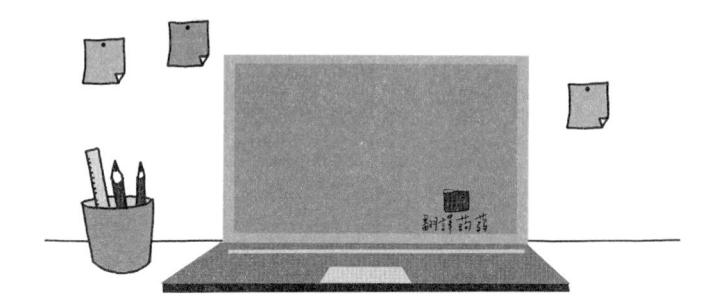

56

「未來遊記」的建議

我要傳授透過選擇性關注和想像力，將旅行吸引過來的好方法，那就是「未來遊記」：**請任選一個想造訪的國家、想去的地方，擬定旅遊計畫**。不必考慮預算，只要盡量搜尋相關資訊，越詳細越好。

1. 班機（能直飛，還是要轉機？在哪裡轉機？選哪間航空公司？）
2. 旅館 & 住宿天數（哪裡的旅館？住幾晚？）
3. 觀光 & 活動（要看什麼？做什麼？）
4. 飲食（去哪家餐廳？吃什麼？）

蒐集到必要資訊後，想像自己已經完成那趟旅行，以過去式書寫遊記。你可以在網路上搜尋圖片，一邊假裝回憶看過的景色、住過的旅館、吃過的美食，一邊在遊記上貼照片。記得一定要寫當時的心情，比如造訪嚮往已久的大峽谷，看到夕陽時高興又叫又跳，甚至感動落淚等。總之，想像自己經驗了什麼情感非常重要。

這套流程會帶來以下的效果：

①在搜尋過程中，我們會一直記得想去的地方。這會對大腦下達指令，讓我們更容易掌握相關資訊。

②因為搜尋圖片，更容易想像和體會感情。

＼ 今天能做的小練習 ／

選一個想去的地方，
開始寫「未來遊記」。

③因為搜尋得很頻繁，會蒐集到許多旅遊的相關資訊，原本模糊的部分也會變得更明確，更容易實現。

我也在大學的英語課採用這套方法。好幾年前，為了示範，我用看極光的遊記當例子。後來過了幾年，就在我已經忘記寫過這個時，有一天突然看到那篇遊記，大吃一驚！因為我真的經歷了跟這篇遊記幾乎相同的體驗，請你也一定要試試看。

未來遊記

這是我去過的旅行中最棒的一次。我一直希望一生至少去看一次極光。去年九月，我終於如願以償，前往加拿大的黃刀鎮。出發日期是……

57

創造感謝腦的方法
感謝計數器

當所有夢想都實現時，你會有什麼心情呢？每天除了高興之外，應該也充滿感謝吧。

和想要的事物處於相同波長的頻率，就能吸引到那些事物。所以，如果**現在就能體驗未來，你的所有夢想都會實現**。

那麼，該怎麼做呢？就是對大腦下指令：「現在去找能感謝的事物！」大腦會去找你關注的能感謝的事物。只要不斷重複，能感謝的事物就會被當成重要資訊，深植於潛意識。之後大腦會自動尋找能感謝的事物讓你察覺，這樣就算完成了。你眼中的世界將充滿感謝，形成「感謝腦」。

介紹創造感謝腦的最強工具**「感謝計數器」**。你可以把計數器繫上掛繩，掛在脖子上。每當發現想感謝的對象，就表達感謝，像是「謝謝○○小姐」「謝謝藍天」「謝謝我的腳」，接著按一下計數器。

這個感謝計數器可以隨身帶著走，隨時隨地使用。只要花幾秒說句謝謝，就能把大量的感謝送進潛意識。

這麼做的好處，是會用到五感中的三感：**用眼睛看數字增加，用耳朵聽按下的喀擦聲，用手指按計數器**。刺激越多，植入的資訊也越多，能迅速改寫潛意識。

實踐篇｜願望實現時，你會發生什麼事？

＼ 今天能做的小練習 ／

買計數器和掛繩，
嘗試開始用「感謝計數器」。

　　提倡感謝計數器的 WAO（編按：作家、演說家），當他還是業績慘澹的業務員時，曾向已故的投資家兼企業家竹田和平尋求建議，對方回答：「只要能說一百萬次謝謝，什麼願望都能實現。」於是他開始使用感謝計數器，沒想到事業明顯有了起色，到現在已經是億萬富翁了。

　　我實行三週後，發現大腦變得會自動尋找感謝的對象。這個方法像是玩遊戲，輕鬆就能辦到，但效果出奇地好。請你也一定要試試看。

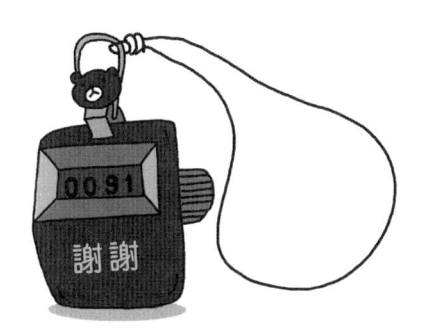

58
說到底還是「做」與「不做」的問題

雖然我們常對行動感到迷惘，但選項永遠只有兩個，就是「做」與「不做」。

我們每天會做很多事，其中包含各式各樣的想法和感情。你會一下擔心「真的能辦到嗎？」，一下操煩「這樣下去來得及嗎？」，一下埋怨「幹麼非做這種事不可？」。擔心後要想「能」還是「不能」，埋怨後要想「做」還是「不做」，到頭來還是只有「做」和「不做」兩種選項。

雖然也有不做的選項，不過一旦選擇做，接下來就是：

「只能做了。」

「擔心也沒用，做吧。」

「別找藉口了，做吧。」

「抱怨也沒用，做吧。」

「不管結果怎樣，先做再說。」

如果不做，要決定得乾脆一點，比如「今天不做」，明天說不定會改變心意、說不定會忘記，也可能會想到什麼好主意。**重要的是，必須養成決定每個當下怎麼做的習慣，而且一旦決定就不再找藉口**。這樣就不會把時間和力氣浪費在各種煩惱上。

\ 今天能做的小練習 /

請寫出要做的事,
馬上決定「今天做」,
還是「今天不做」。

同樣的道理,人生其實非常單純,都是我們自己搞複雜的。只要能簡潔明快地決定行動的二擇一,人生就能變得更單純。

	做	不做
例）寫信給A小姐	✓	

59
是「都怪～」，還是「多虧～」？

　　有一對同卵雙胞胎兄弟，他們遭到父親家暴，度過艱苦的童年。20 年後，雙胞胎的其中一人成為諮商心理師，拯救家暴受苦的孩童，另一人則沉迷於毒品，人生跌到谷底。

　　為什麼他們的 DNA 和環境明明相同，卻各自走上截然不同的人生？這故事告訴我們，**決定人生的並非生長環境，如何看待自己的遭遇和採取什麼行動，才是一切的關鍵**。

　　人生中發生的事也一樣。你要認為那是幸運還是不幸，是危機還是轉機，賦予什麼意義由你自由選擇。

　　松下電器已故的創始人松下幸之助，受訪時曾表示：「我能這麼成功，是因為過去『貧窮』『病弱』『沒學歷』。」這和很多人不成功時，拿來當理由的藉口一樣。

　　我也有想了很多年卻遲遲沒做的事，就是定期運動。後來「多虧」政府在新冠疫情期間發布緊急事態宣言，我開始利用網路會議軟體 Zoom 找朋友一起團練，因而結交到志同道合的新夥伴。

　　每件事都是中立的。只要你把「都怪～」轉換成「多虧～」，當作遊戲試著換個角度來看，眼中的世界就會改變。

實踐篇｜願望實現時，你會發生什麼事？ 137

＼ 今天能做的小練習 ／

「都怪○○，害我不能□□」
→「多虧○○，讓我能△△」
試著在○○、□□、△△處填入答案吧。

多虧老爸！

都怪老爸……！

60

用想像力提高視角，
謀求解決方式

　　人生中總有遇到問題卻找不到解決方法的時候。這時可以想像自己身處於巨大迷宮，困在其中的你（顯意識）不知道該往哪裡前進。

　　怎麼做才能快點走出迷宮呢？沒錯！就是把視角提高，從上方俯瞰，要怎麼走到出口便能一目瞭然。愛因斯坦有句名言：**「如果採用跟製造問題時同樣層次的思維，不管什麼問題都解決不了。」**教練學的相關研究也指出，從結果來看，聚焦在理想的自己，比只關注現實的問題更有效果。

　　那麼，如果想提高視角解決問題，具體上該怎麼做呢？就是靠想像。請先想像在巨大迷宮中迷失方向的自己，再試著不斷提高自己的視角。

　　原本在迷宮中只能看到牆壁，但隨著視角持續升高，迷宮外的世界也開始進入想像的視野。請想像自己說「啊，我知道了！」「出口在這裡！」「往這裡前進就對了！」，以及解決問題時充滿感謝、安心和喜悅的心情，越明確越好。這時你會對周圍的人說些什麼呢？

　　一旦接收到訊息，只要依照「感、動」的原則（第84頁）展開行動，一定就能往下一步邁進。

> \ 今天能做的小練習 /
>
> 試著利用目前遇到的小問題，
> 來想像困在迷宮中的自己，
> 以及從上方俯瞰的自己。

當內心處於平靜的狀態時，能捕捉到潛意識透過直覺和靈感傳來的訊息。有時在社群平台或部落格的發文中，也會不經意地發現答案和提示。因此要先用深呼吸等方式讓心情恢復平靜，再來實踐這裡介紹的想像法。

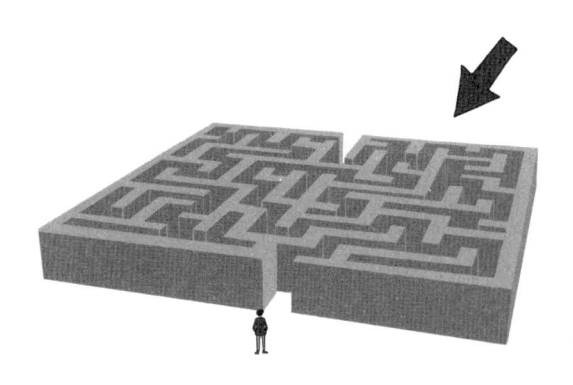

61

羨慕別人時應有的心態

每個人都有羨慕別人的時候,但如果羨慕變成強烈的嫉妒,就會阻礙吸引力法則。嫉妒這種感情,來自於「自己得不到,那個人卻有」「自己做不到,那個人卻能」的想法。**越是嫉妒,越會將「得不到」「做不到」的指令輸入大腦,反而更強化這個信念。**我們該怎麼做才好呢?

你現在有沒有羨慕的對象?會感到羨慕,一定是因為對方做的事,自己也有興趣。

比如想當偶像的學生,看到已經出道的偶像團體,應該會感到羨慕吧。以我來說,看到有人能跑遍世界自由工作,難免會有「好好喔~」的感覺,但看到知名的諧星或料理研究家,就不會產生羨慕的心情。

大腦會從龐大的資訊中挑出你有興趣的部分,以「羨慕的人」的形式向你展現。換句話說,讓羨慕的人登場的,就是你自己。代表你正在接近自己想要的事物或理想的形象,是一種徵兆。

這麼想是不是覺得妒意減輕了呢?下次羨慕別人時,只要想:**「機會來了!這是一個徵兆,讓我能看到理想的樣貌,真是太好了!」並為此感到開心**,相信你的吸引能力一定會升高。

＼ 今天能做的小練習 ／

感到羨慕時，請試著說：
「機會來了！這是接近目標的徵兆！」

羨慕就是機會！

62

現在發生的一切是
必要的、必然的、最好的

人生中總會遇到你（顯意識）不樂見的結果：想進入那家公司結果落選、去參加資格考結果沒過、伴侶外遇、公司破產、罹患疾病等，不勝枚舉。

但這些並非最終的結果。**最終結果是在你即將離世時，會不會覺得「這真是最棒的人生」**。請把現在的一切都當成過程。雖然現在的你（顯意識）還無法理解，但以後就能明白為何會發生那些遺憾。

例如，真由美一直夢想當國中英語老師，卻在教師甄試時落選。後來真由美去補習班工作，透過在那裡認識的美國人，得知了英語教學法這門學問，於是去國外念研究所，成為大學老師。

弘美最討厭建築，也曾發誓絕不幫忙丈夫的工作，但後來嫁給建築業的人，被迫幫忙，還因此欠下 5,000 萬日圓的債務。不過，也多虧這段過去，她開創將心理學應用於室內布置的幸運術，成為先驅者，從事這份充實又有意義的工作。

不必為每個結果或喜或憂，就算發生乍看之下很負面的事，你也能自由選擇如何去解釋。那些**發生的事，並無好壞之分**，你賦予什麼意義，未來就會隨之改變。

\ 今天能做的小練習 /

請對自己說：
「一切都是必要的、必然的、最好的。」

請將現在發生的每件事，都視爲必要的、必然的、最好的，相信自己一定能通向更美好的未來。

63

過去可以改變！

現在好，一切就好。例如幾年前失戀，到現在還恨著前任，就代表你現在過得不幸福。要是失戀後遇到更好的對象，現在過得很幸福，應該就會想「謝謝你當時甩了我」吧。

過去是可以改變的。過去是大腦的主觀記憶，也是你現在的回憶，所以過去包含在現在裡。**只要現在很幸福，過去發生的一切也能轉換成幸福的回憶。**

以前我教過一個高中生英文。他念小學時，曾因為踢足球導致腿骨折。在住院期間，他遇到很好的醫生，讓他決定以後也要行醫。雖然骨折是不幸的事，但骨折也幫他找到了夢想。對立志考上醫學院的他而言，骨折成了過去的美好經驗。

YouTuber 團體「Team48」的隊長 Kotatsu，出道前曾為了圓演員夢，在推特一點一滴地累積追蹤者。然而，就在推特的追蹤人數破五萬的某天，帳號竟突然遭人竊占，令他感到既震驚又挫折。不過也因為發生這件事，他決定立刻轉移到當時才剛問世的抖音活動，後來就以最早開始拍攝「全力○○」而一夕爆紅。這位 Kotatsu 就是本書作者之一濱田眞由美的兒子，這可是身為母親才知道的眞實內幕。現在 Kotatsu 應該會想謝

＼ 今天能做的小練習 ／

請對空氣、太陽、水等理所當然的事物表達感謝。

謝那個盜帳號的人。

　　過去會成爲不好的回憶，是因爲你現在不幸福。**請現在就選擇幸福**。想過得幸福，不需要任何條件，因爲幸福是一種感情。只要現在的你感到幸福，所有討厭的過去都會像玩黑白棋一樣，統統由黑翻白。現在，現在，就是現在。請一定要專注於現在。

> 幸虧當時被老闆炒魷魚，我才會開始創業。

64

奇蹟發生的機制

說到奇蹟發生的機制,總給人不可思議、光怪陸離的感覺。所以我要在這裡舉自己遇到的例子,讓各位感受一下這個奇蹟的機制。

2008 年某天,我在裝潢中的店裡檢查天花板的補漆。當時我踩在梯子的最高一階,是很危險的姿勢。中途鈴聲響起,我從口袋掏出手機查看,是某位僅有一面之緣的女士寄來的郵件。信中跳過問候,劈頭就問:「○○老師的出版紀念演講要在京都的大垣書店舉行。請問能來幾人?」

「怎麼有人這麼沒禮貌!」我讀完一時火大,把手機塞回口袋,繼續檢查。沒想到又來一封省略問候的信,單刀直入地說:「請在大垣書店附近找二次會的會場。要能容納 50 人左右,時間要寬裕一點,還要這樣那樣……」看到對方毫不客氣地列出一堆條件,我不禁憤慨地想:「真不敢相信!」但畢竟站在高處很危險,我還是設法讓心情平復下來,繼續檢查補漆。

就在這時,突然從頭頂右上方的內側傳來聲音:「如果幫這個忙,就能提高在作者心中的評價。」旁邊明明沒人,卻聽到說話聲。咦?剛剛那是什麼?雖然有一瞬間被嚇到,我還是接受這個奇蹟之聲,回應道:「說的也是。」從這天開始,我

> 今天能做的小練習

請檢查自己是否做好準備，
以便在奇蹟發生、願望要實現時，
能立刻展開行動！

就向全國各地的朋友廣發邀請，同時帶兒子去很多二次會會場試吃餐點。

到了活動當天，演講會現場高朋滿座，二次會的氣氛也很熱絡。過沒多久，作者本人跑來找我說：「聽說妳想出書，我來幫妳介紹吧。」接著就為我介紹剛趕來二次會的出版社編輯。

其實，我有一本從 2002 年就想出版的書，在 2005 年寫了企畫書，只可惜一直束之高閣。我問編輯：「我有份企畫書，可以寄給您看看嗎？」對方回答：「可以啊，但不保證一定能出版。」會後我馬上郵寄給編輯，沒想到很快就接到聯絡。才過一週，我們就在出版社簽約了。這是我第一次出書的奇蹟體驗。

許下強烈的願望，加上無形的力量推動，奇蹟就會發生。那時，一切都會準備就緒。我為別人無私地奉獻，刻意使內心恢復平靜，不漏掉任何微小的聲音和徵兆，確實捕捉並展開行動。或許是因為集齊這些條件，讓肉眼看不見的存在互相合作，牽起緣分，最後奇蹟才會發生。

65

感覺到共時就馬上行動

榮格提倡的共時性,是指有意義的巧合。如果在以往單純巧合的事物中發現有意義的巧合,請立刻採取行動,因為**共時性會像紡紗一樣誘發吸引力**。

榮格在著作中提到:「對於數人同時做夢或看到幻象的情形,當時並沒有特別留意。直到後來才發現,原來在相隔遙遠的不同地方,竟然也會同時發生客觀的事件。」

有一次,我(弘美)看到一個幻象:某人內心深處的靈魂,開始散發琉璃色的光芒。光芒蔓延到家人身上,房子發光,院子也發光。光芒一路擴散,讓鄰居、城市、國家,乃至整個地球,都發出琉璃色的光芒。同一時間,我也收到「改變房間,就能改變人生」的文字訊息。這讓我領悟到,只要每個人在每天的生活中找到內心真正的幸福,使靈魂散發光芒,就能實現世界和平的理想。所以我開始寫書。

現在和我一起寫書的濱田真由美,也曾看到某人心中的光芒如水滴落在水面,漣漪不斷擴散的幻象,以及「世界和平很簡單」的文字訊息。

如榮格所言,當時我們都沒發現夢境和幻象竟然能超越時空,同時發生。直到我們兩人相遇,為了合著促膝長談後,才

> \ 今天能做的小練習 /

試著回顧昨天發生的事,
看看是否出現共時。

發現雙方身上竟然出現如此驚人的共時現象,真把我們嚇了一跳。

發生共時性的主因,會受到經驗和信念影響,個人差異非常大。如果你壓根不信共時,從一開始便無法察覺,所以**要先敞開心胸,相信共時是存在的**。再來,**對於內心和外界發生的事件和模式,一定要保持敏銳的知覺**。比方說,當你想吃咖哩,而晚餐剛好也是咖哩時,不要只當成單純的巧合,最好大喊「我共時了!」,和家人一起拿這件事打趣。

有人認為共時性來自比潛意識更深處的集體潛意識,是我們同時從裡面獲取資訊,才會發生這種現象。在集體潛意識中,也包含以前活過的人的意識。就像電視或收音機一樣,只要把頻道調到特定頻率,就可能看到或聽到訊息。

當我回顧過去時,特別容易發生共時現象。思考箇中原因後,得出以下幾點:**對發生的事情和模式保持敏感,用坦率的心面對新事物,自我成長,把意識集中在呼吸和夢境上,以及不受負面情感左右**。

捕捉到共時現象後,就會產生吸引幸福的連鎖。相信你也能成為捕捉共時現象的高手。

應用篇

這種時候就用這個方法

66

想要的全部都能得到！

　　隨著時代演進，價值觀也產生巨大的變化。舉例來說，我們兒時崇拜的明星山口百惠，在事業如日中天時毅然放下工作，選擇與心上人共結連理，走入家庭的舉動，當時讓大眾深受感動。

　　那是女性只能在婚姻和事業中二選一的年代。當時對於已年過 25，又想兼顧結婚和留學的我而言，內心十分糾結。我老是想著「怎麼可以兩邊都要，這樣太自私了」「想有所得，就必須有所犧牲」，可能也受到身為家庭主婦、又是賢妻良母型的母親影響，讓我的心被「女性、妻子、母親就該如此」的價值觀束縛了。

　　後來我遇到一本名為《You can have it all》的英文書。光是書名**「你可以得到自己想要的一切」**就已經夠震撼了，沒想到內容更是徹底顛覆我當時的價值觀，一掃心中的罪惡感。一想到「沒錯！我可以有很多願望，不必局限於一個！」，眼前迷霧便頓時消散，心情豁然開朗。我決定改變想法，容許自己「凡是想要的，都可以得到」，在結婚三個月後，隻身前往美國念研究所。

　　這一路走來，無論是結婚、工作、育兒、旅行，我都發揮

\ 今天能做的小練習 /

試著開口說三次「想要很多也可以」。

「You can have it all」的精神。除了大學的工作外，我也挑戰寫書和翻譯。只要當下想做什麼，都會一一去做。這是因為我改變了自己相信的事（信念）。

你可以相信「不能想要太多，否則就是貪得無厭」「要兩邊兼得，無異是緣木求魚」，也可以相信「想要的一切都能得到」，這都是你的自由。兩者沒有好壞之分，也沒有對錯之別。你選擇怎麼想，人生就會怎麼發展。

不是說想要很多就一定好。你打從心底渴望的是什麼呢？請誠實面對自己的心，允許自己接受這份心情。

想要很多也可以！
想要很多也可以！
想要很多也可以！
You can have it all.

67

如何吸引想要的工作

　　吸引想要的工作時，同樣可以利用想像力，也就是潛意識的力量。

　　這是我（真由美）親身經歷的真實體驗。在英語學校當正職講師的我，生產後請了育嬰假。由於是夜間上課，我打算在育嬰假結束後，換到能白天工作、把孩子放托兒所的職場。這時我在另一間大學當兼職講師，一週只去一次。我希望能在那裡當專任講師。為了讓想像更清晰明確，我特地跑到專任講師研究室集中的樓層，看著研究室的門，想像門上掛著我姓名牌的情景。

　　過了一陣子，突然某位教授來找我說：「有位專任老師辭職了。如果濱田老師想頂替那個位子，我可以幫妳推薦。」我和這位教授不太熟，很驚訝他為何想幫我。後來有好幾位應徵者撐到最終面試，但我還是脫穎而出！我不禁放下心中的大石，開心地想：「等到明年春天，我就可以把孩子放托兒所，白天在大學當專任講師了！」

　　這個故事還有驚人的後續。之後不久，我原本任職的英語學校竟爆發財務危機！雖然學校在大型的教育相關公司的合併下暫時保住，但職員和老師依然承受著巨大的不安。我就這樣

―――― ＼ 今天能做的小練習 ／ ――――

試著想像聽到你的點子時，
會點頭說「很棒！」的工作夥伴。

在巧到難以置信的時機成功轉職。

在我教過的學生中，也有人在找工作時，想像自己在理想職場中工作的情景，**包括辦公室的格局陳設、同事間的對話，全都鉅細靡遺**。後來有三家心儀的公司都想僱用他。除此之外，也有想在日本開餐廳的留學生，一邊看著象徵夢想的照片，一邊想像。後來認識某間餐廳的負責人，對方允許他每週使用幾次閒置的店面，讓他幾乎不用自備資金，就能開始營業。

想像力，也就是潛意識之力，是很偉大的。請你一定要好好運用。

濱田真由美的研究室

68

成功轉職的絕招

假如你嘴上說「我的夢想是換到更能發揮自己所長的公司」，內心卻想著「我沒有得到正確的評價。薪水少又工時長，這間公司爛透了。我一定要設法擺脫這種爛地方」，這時散發的波動會化為憤恨不滿的能量。既然**你對大腦下了憤恨不滿的指令，大腦就會找到更多的憤恨不滿，展示給你看**。

20出頭時，我對公司的資深女前輩感到不滿，憤而離職。朋友看我下個工作遲遲沒著落，就介紹我去大阪府高槻市的CD出租店。雖然對打工身分有點不滿，我還是為了五斗米折腰。工作一陣子後，老闆說：「妳可以在店裡放喜歡的CD，再錄起來聽。」這真是太感謝了！

喜歡音樂的我，從此變得很期待打工。一段時間後，又發生一件有趣的事。

當時我開始搜尋誠徵正職員工的企業。想到自己為打工買了半年份的京都往返高槻的月票，心一橫便在高槻找了工作，轉職到連名字都沒聽過的企業。沒想到進入公司後，發現那裡的工作方式正好符合我的夢想，而且薪水和休假也多。之後公司就在東京證券交易所一部掛牌上市，現在已成長為世界級的企業。我和當時的同事如今都還保持聯繫。

＼ 今天能做的小練習 ／

請針對目前的工作,寫出三個值得感謝之處。
① (　　　　　　　　　　)
② (　　　　　　　　　　)
③ (　　　　　　　　　　)

你以為自己把重點放在願望上,卻沒發現你的意識其實都聚焦在憤恨不滿上,這就是願望不會實現的理由之一。轉職本身沒什麼問題,但若以因為討厭目前的狀態,所以希望未來變成這樣的心態轉職,就算換到下個職場,還是會吸引到不同形式的不滿,再次陷入討厭的狀態。

　　話雖如此,如果目前的情況不好,要感謝現在也很難。會抱怨「狀況這麼糟,怎麼可能感謝」,也是理所當然。不過我要再強調一次,**如果不覺得現在值得感謝,就不會有值得感謝的未來**,無法吸引到「你要感謝的未來」。雖然聽起來很矛盾,但這就是事實。

　　吸引力法則很簡單,你越關注的事物,大腦會越努力尋找。當你對現在的工作也能表達感謝時,轉職就會成功。所以你的首要之務,就是在目前的職場、工作中,找出能感謝的地方。

工作不需要
自我犧牲的美德

在團隊工作時，有人會因為過度重視協調性，勉強自己忍耐。但我們一定要揚棄自我犧牲的美德。

在我以前工作的地方，有同事升為小組長，他引進新的架構，很多事情都率先以身作則。他常常和上級溝通，卻往往得不到對方的理解，產生對立也時有所聞。他不斷把「我要成為烈士，我要成為烈士」掛在嘴上，為小組鞠躬盡瘁。

過了一陣子，發生組長必須擔起責任的事件，他和領導階層的關係變得更疏離，最後只能抱憾離開公司。

正如他說的一樣，真的成了「烈士」。**不斷重複烈士一詞，讓大腦收到烈士的指令，將成為烈士的事件吸引過來。**

這種企圖以自我犧牲達成目標的做法，最好適可而止。只要自己忍耐，身邊的人就能順利的觀念，在許多人心中根深蒂固，但從腦科學的角度來看，這種忍耐也是美德的價值觀，並不會讓事情順利。

無法讓自己幸福的人，也無法讓屬下、同事等周遭的人幸福，更不可能做出真正的貢獻。請拋開自我犧牲的舊觀念，擁抱新的價值觀，尋找讓自己和大家一起幸福的方法。只要這樣做，你就能體驗事事順利的感覺。

\ 今天能做的小練習 /

試著說三次：
「工作夥伴的能力都很優秀。」

70
你對工作和金錢有什麼看法？

看下方的空格，你會馬上想到什麼？請在一秒內寫下來。

「工作是（　　　　　　　　　　　　）」

「成為有錢人後，（　　　　　　　　　　　　）」

你寫了什麼呢？

對工作和金錢的觀念，童年時會受到周遭大人強烈的影響。舉例來說，要是父母拿最喜歡的事當工作，總是讓顧客很滿意，收入也不錯，工作時一直保持愉快的神情，你就會被植入「工作讓人開心，生活富足，為別人帶來幸福」的觀念。相反地，如果看到父母做事不情不願，總是抱怨連連，工作上也處處碰壁，為錢發愁，你就會留下「工作很辛苦，為了混口飯吃才不得不做，收入也入不敷出」的印象。

你心中的看法又是如何呢？如果你對工作和金錢有負面的看法，只要一天不改變，你（顯意識）再怎麼拚命努力也徒勞無功。

有方法可以進入潛意識，改變對工作的看法，那就是**實際去見事業成功、生活幸福的有錢人**。這或許能成為契機，幫你改掉偏見。在美國很照顧我的寄宿家庭，就是這樣的一群人。他們做著喜歡的工作，生活富足，愛心洋溢，樂於照顧留學生。

應用篇｜這種時候就用這個方法　　161

\ 今天能做的小練習 /

請把下列句子各念三次：
「工作可以很有趣。」
「賺錢可以很簡單。」
「有錢就能幫助別人。」

看到這群幸福的成功者，讓我對有錢人的印象從此改觀。

你也能自己改寫深植於潛意識中的觀念。首先，要確認自己對工作和金錢抱持著什麼態度。釐清後，逐一檢視，看要選擇繼續保留，還是進行改寫。

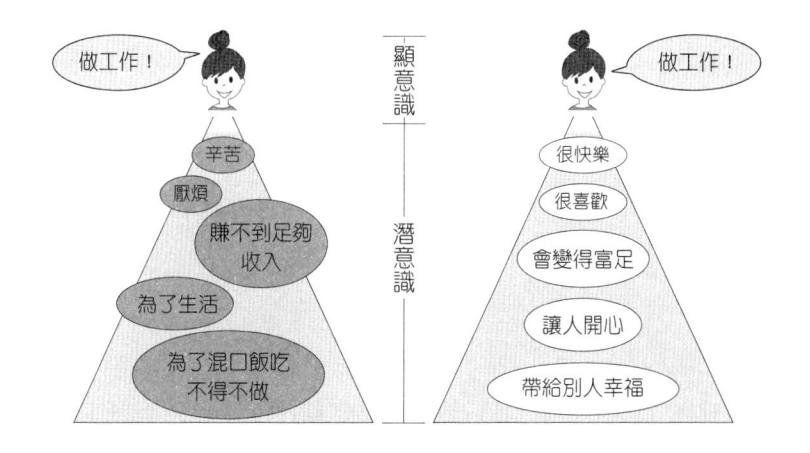

顯意識／潛意識

做工作！
- 辛苦
- 厭煩
- 賺不到足夠收入
- 為了生活
- 為了混口飯吃不得不做

做工作！
- 很快樂
- 很喜歡
- 會變得富足
- 讓人開心
- 帶給別人幸福

在人生中找到天命的方法

當你有「心動！」的感覺時，就是提醒你「往這邊！」的徵兆。這是一種內在的感覺，指引我們走上自己該走道路的「探測器」，就藏在我們體內。

例如，真由美在童年時就對英語「心動！」過；弘美從小就喜歡改變房間的布置；當藥劑師的朋友也曾說，他看到白衣會莫名地心跳加速。從這些例子可以得知，**讓我們心動的事物，必定和自己的天命有關，而且每個人心動的事物不盡相同**。你是獨一無二的存在，所以一定有你才能做到的事。

說完全沒有心動事物的人當中，有人是因為喜愛的事物賺不了錢，就下意識地排除。連結天命的探測器會出現「心動！」的反應，純粹是因為做這件事很快樂、很幸福；可能是種花，可能是聊天，也可能是玩遊戲，總之一定會有。

我的學生中有人很喜歡畫畫，她為了呈現自己最愛的事物，一股腦地把作品不斷放上社群平台，後來開始有人想買她的作品，於是畫畫成為她的工作。

你要靜下來捫心自問，**令你感到心動、做的時候很幸福，即使賺不了錢也樂在其中的事**，到底是什麼？想清楚後，以純粹的心去做做看。

\ 今天能做的小練習 /

請開口說三次：
「我要做讓我心動的事！」

當你想透過某件事物，去展現、提供自我時，必定會有需要的人出現。所以，請先單純地從讓你心動、喜愛的事開始吧。

畫畫的時候
真的很幸福♪

72

重要的不是願望實現的方式，
而是實現後的情景

　　為工作訂立目標時，我們會考慮用什麼方法可以獲得成果。如果方法失敗了，怎麼努力也不會有成果。我來傳授一個在每個行業都能成功的方法，就是**想像達成目標後會發生什麼**。

　　有間公司來諮詢關於擴大事業版圖的方向，我問負責人，公司擴大後會變得怎樣？連問數次，對方依然不知所云。因為沒人知道目標是什麼，導致員工茫然失措，業績也不見起色，為公司埋下許多不安的因子。

　　後來我又不死心地反覆追問，才終於確定老闆追求的目標。我把他的願景整理成短文，放大列印出來，掛在他的辦公室。

　　後來這篇短文對老闆自身和員工都產生啟動效應，讓他們**不自覺地為這個使命展開行動**。統整目標不久，他們就順利地按計畫擴大事業，業績也向上修正。

　　雖然感覺上像在繞遠路，但這才是最短的捷徑。員工和顧客不了解老闆的用意是常有的事，即使是超前世界十年、甚至百年的願景，講出來也沒人會懂，必須簡化到讓員工和顧客了解的程度。

\ 今天能做的小練習 /

試著用小學生也能懂的語句，
寫下你想為社會做出的貢獻。

企業的終極目的，就是為社會做出貢獻。請用小學高年級生也聽得懂的語句，描述你想為社會做出的貢獻。

我 20 幾歲任職的企業，以獲利高、薪水優渥聞名。由於會計系統非常透明，甚至有「玻璃會計」的別稱。最近聽還在那裡工作的朋友說，原來當時的老闆（創始人）從一開始就強調：「公司的使命，就是保障員工能不虞匱乏地生活。」結果他的目標真的實現了。

由於我是有點怪的員工，以前常遭老闆訓斥，難免對他有點感冒，不過現在我的看法已經改觀，對他多了一分尊敬。這家企業後來成為世界知名的大企業，在學生最想進的前十名企業排行總是榜上有名，繳納的稅金也確實對社會貢獻良多。

開店時也一樣。開店前，先想像有這家店以後變得幸福，顧客再次光顧的景象，後來結果也一如預期，有了不錯的成績。

73

努力有反效果的原因

　　如果說努力有反效果,也許你會想:「那就可以偷懶嗎?」當然不是。這裡的努力指的是「為成就某件事而勤奮工作的過程,以及付出的精力」(《大辭苑》／小學館出版)、「不受外界誘因影響,憑意志或意欲維持的肉體活動、精神活動,以及過程中衍生的主觀上的緊張感」(《大英百科全書小項目辭典》),也有人說「努力」的漢字,是從代表盡全力工作的奴隸的象形文字衍生而來。隨著資訊來源不同,每種解釋都有微妙的差異。你心中的努力,又比較接近哪種說法呢?

　　這篇我要推薦和每種努力的意義背道而馳,熱衷於所愛事物的狀態。如果得忍受痛苦的感覺,靠努力勉強撐下去,就會累積壓力,弄壞身體,為精神帶來壓迫。這樣不僅沒任何好處,甚至可能給別人帶來困擾。所以我們的首要之務,就是**從每天的工作中找出讓自己熱衷的部分**。

　　不論是哪種工作,都有讓人感到棘手之處。舉例來說,我到原本很反感的建設公司工作時,為了記住建材名稱吃過不少苦頭。後來只要是第一次訂購的建材,我都會不厭其煩地請前輩詳細說明相關知識,寫成筆記,再按照日文的五十音順加上標題,編成我最喜歡的百科全書式紀錄。有了紀錄,就不必再

\ 今天能做的小練習 /

要怎樣才能開心地做現在的工作？請寫下三個點子。
① (　　　　　　　　　　　　　　　)
② (　　　　　　　　　　　　　　　)
③ (　　　　　　　　　　　　　　　)

問第二次，還可以作為辭典，留給後輩參考。我也很討厭沿著易撕線，用手撕開收據的過程，於是開始思考怎麼撕最快。後來想出能一口氣乾淨俐落撕開的方法，做起來很有快感。由於感覺太爽快，反而讓我愛上撕收據。

你也可以用這樣的感覺，從現在的工作中找出讓你著迷的樂趣。這一點很重要。畢竟就算轉職到其他公司，也一定會遇到不擅長和討厭的事。千萬別一味忍耐，只靠努力去克服一切。

此外，你也可以先做「我擅長○○，但寄送郵件不在行」之類的聲明，上級就會把工作分配給對○○不在行，但擅長寄送郵件的人，這樣分工合作更有效率。如果你無法像這樣順利分配到擅長的工作，也可以照上述的方式花點巧思，從眼前的工作找出樂趣。這樣一來，會怎麼樣呢？**感到痛苦時，會吸引痛苦的事；找到樂趣後，就會吸引更多樂趣**。只要能讓顧客滿意，對社會做出貢獻，成就感就會增加，工作也會變得開心。上司和同事看到你的表現，自然也會給予正面的評價。

74
用不經意看到的事物提升自己的表現

　　環境的影響力非常巨大。以前有個惡名昭彰的實驗，名為「史丹佛監獄實驗」（服從權威實驗的一種）。1971年，研究團隊在史丹佛大學的地下室架設監獄，用來進行「分配職務後，人類會如何行動」的實驗。

　　他們透過報紙廣告募集到21名打工者，讓他們分別扮演囚犯和獄警。扮演囚犯者要穿上囚服，關進監牢，只能以編號稱呼，必須服從嚴格的規定和獄警的指示。實驗團隊要求他們接受和現實的犯人同樣的控制，適應監獄內的條件。

　　另一方面，獄警接到的指示是管理犯人，維持秩序，執行嚴格的規定。研究團隊期待獄警能對犯人行使權威，並要求他們採取必要手段，以維持監獄的秩序。

　　在這樣的環境下，獄警自發性地採取行動，加強嚴格的規定，對囚犯施加激烈的壓力和虐待，結果導致原本預定兩週的實驗，僅僅六天就被迫中止。據說實驗結束後，主導者仍持續為受試者進行心理輔導。這場實驗不但顯示權力和權威對個人行為的影響，也凸顯出倫理道德的問題。實驗會有這種結果，是因為執行實驗的人下達的是強制命令，若換成現代，一定會遭受質疑。

\ 今天能做的小練習 /

拍攝辦公室的照片，
客觀地檢視。

　　這場後來成為電影和連續劇題材的「監獄實驗」，最大的問題就是研究團隊搭了監獄布景。舞台劇和電影的內容，是由服裝、布景和劇情構成，只要這些元素全部湊齊，就能創造出讓人沉浸其中，分不清現實和實驗的世界。

　　所以，我要在這裡問一個問題：**你的辦公室布置，是不是也成了監獄實驗？如果是，那就切換成「天堂實驗」吧**。

　　試想一下，如果致力於解決環境問題的公司，使用會破壞環境的建材呢？以友善環境的材料打造辦公空間，可以讓員工意識也跟著改變。如果號稱以顧客幸福為優先的企業，牆上卻只掛著業績目標呢？改成有顧客笑容的照片、顧客意見，或是讓多少顧客感到幸福、用什麼方式帶給他們幸福等內容，工作者就會改變想法。

　　有實驗結果指出，不經意看到的照片會對人造成影響，使表現變好、業績上升。所以，請先重新檢視掛在牆上的東西吧。

75

經營計畫也能靠吸引力法則

　　關於吸引金錢，我接過很多來自讀者和學生的報告，他們都表示：「真的吸引到剛好符合需要金額的臨時收入。」**當你想要更多錢時，你的「更多」是多少？你要用這筆錢做什麼？真的需要這個金額嗎？**

　　當初申請創業貸款時，一開始要寫經營計畫。因為不知道該用什麼理論才能得到確切的數字，只好向交情不錯的前上司請教。當我說不知道怎麼計算時，他突然問：「妳要多少？」我一聽愣住了，沒馬上回答。

　　他隨即解釋：「社會狀況經常在變化，無法預料的事也很多，根本沒有什麼正確的計畫和公式。」接著說：「只要決定大概的金額，員工就會主動朝那個方向努力。」一個做到國際企業董事的人，竟然也用吸引力法則中想像結果的方式，讓我聽完有如醍醐灌頂，馬上制定年度銷售目標。

　　接下來我做的，就是把年度銷售目標落實在計畫中，並逐一自問：「我想做什麼？」「這真的該做嗎？做得到嗎？」「這個金額真的有必要嗎？」

　　這樣一來，該中止的計畫、可擴展的計畫、能讓每個月有穩定收入的內容等，都會越來越清晰，直到確定只要按部就班

應用篇｜這種時候就用這個方法　171

———————— ＼ 今天能做的小練習 ／ ————————

你想要多少收入或業績呢？

去做一定能實現爲止。完成這些步驟後，你就能在上下幾％的誤差範圍內，達到預設的銷售目標了。

76

提高波動就會生意興隆

讓店內生意興隆的方法之一,就是「提高波動」。雖然跟營業額、經營計畫等具體方法相比不太確實,仍然值得一試。

有種沿用舊裝潢開新店的方式,日文稱為「居拔」。不可思議的是,餐飲業的居拔店如果倒閉,理由通常跟前一家店雷同。但要是店內有笑聲宏亮的店員,就能經營得很順利。因此在作風老派的師傅之間,流傳著笑聲會幫波動低的店面驅走晦氣、提高波動,讓波動變輕盈的說法。

有商品主打「聽莫札特的音樂長大／製造的美味○○」。莫札特的音樂經過檢測後,目前已知會發出 α 波,由此可知樂曲的波動的確會帶來良好的影響。

為店內營造舒適氣氛的燈光,有以奈米為單位的波長,而色彩的原理是物質無法吸收而反射的頻率,所以顏色也是一種波長。你應該知道音樂是以赫茲計算頻率吧。既然顏色有頻率,色彩繽紛的 POP 海報等具體的促銷廣告也有頻率。腦波裡也有 $\theta\alpha\beta\gamma$ 波,所以若店員散發出從 θ 到 α 之間的放鬆波動來接待客人,說不定客人就會買單。

目前已知在販售商品的店裡,會消費的幾乎都是原本不打算買,後來才衝動購物的顧客。因此,只要改善店內和店員醞

> \ 今天能做的小練習 /

開始營業前,
先祈求顧客的幸福!

釀出的氣氛,也就是提高波動,生意就很可能會變好。

不僅如此,會特別擺放供桌供奉神明,以提升場域波動的公司行號,其實意外地多。有些老闆會每天早上對神明祈禱「希望顧客都能幸福」「希望這個場地清淨平和」,也有企業會把神桌的每個角落打掃得一塵不染。實際上,這種企業和商店獲得好口碑、業績蒸蒸日上的故事,也是時有所聞。

一開始,我們可以用不必花大把時間和鈔票就能做到的方法,比如**保持愉快的笑容**、**懷著感謝的心做例行打掃**,**或在營業前先祈求顧客的幸福**等。總之,先從自己能力所及的事開始嘗試就好。

77

將比金錢重要的事物
視為目的的練習

　　人們常說:「賺到錢後,要讓這些錢循環。」現在我要分享一個把重於金錢的事物當成目的的練習。這個練習每次都大獲好評,你要不要也試試?

　　①首先,請決定每個月理想的收入或營業額,並寫下來。
　　②再來,把你正在提供的服務及商品單價,或是可提供的服務及商品單價,以服務 abc,商品 def 的形式寫下來。
　　③以「每月目標金額 ÷ 單價＝販售數」的公式,針對商品及服務 abcdef……逐一算出販售數。
　　④個別針對 abcdef……仔細思考顧客在購入商品後,會怎樣得到幸福,寫成文字念出來。
　　⑤按照 abcdef……的順序,逐一想像客人得到幸福後的笑容,有多少人就想像多少(人數可以從販售數推算),並同時感受他們對自己說謝謝的心情。也可以記錄在《3 分鐘未來日記》上。
　　⑥再來想像達成每月收入或營業額目標時,員工、家人會露出的笑容,感受聽到他們說謝謝的心情。也可以記錄在《3 分鐘未來日記》上。

\ 今天能做的小練習 /

試著想像顧客的笑容。

⑦想像收到很多人的謝謝後，心中洋溢幸福的滋味，並透過體驗未來，誇獎自己「做得很好！」。也可以記錄在《3分鐘未來日記》上。

⑧尋找能代表這些想像的幸福照片、使命或標語，掛在店內的牆上。

⑨為你的計畫內容制定符合現實、有可行性的日程表。

⑩專心做這份能讓別人和自己幸福的工作，一邊執行計畫，一邊享受每一天。

如果把賺錢本身當成目的，就算忙碌、遇到討厭的事，也會在工作中一直忍耐。要是因此感到痛苦，這種頻率也會吸引來同樣痛苦的事，不斷累積壓力。

把創造幸福的笑容當成目的，**從事能帶來成就感和幸福感的工作，就會不自覺地吸引到與自己頻率吻合的幸福客人，使營業額更容易達到目標**。趕快試試看吧！

78
想像完成的景象，
所需的一切就會聚集而來

當你想做某種挑戰時，若抱著「我不知道該怎麼做，但知道自己做得到」的心態，只想像結果的話，湊齊必要條件完成此事的可能性就會提高。

在建築、開發電器、拍攝電影等過程中，我們會製作模型、3D、預告片、圖畫或投影片，用來發表目前尚未完成的商品概念。如果有人覺得完成品的形象很有魅力，自然就會提供資金、材料或勞力，讓構想能如實呈現。

比如宮崎駿會畫分鏡腳本，有些部分畫得很粗略，有些則很講究，張數多又精細，兩者節奏分配得宜。我喜歡看藍光收錄的分鏡腳本。只要看過腳本，就知道作品忠實重現出他腦中描繪的景象。

在製作時間最短、僅有四個半月的《魯邦三世‧卡里奧斯特羅城》中，據說宮崎駿利用一些巧思來節省製作時間，比如城堡內部直接照現有的格局仿畫。他能下這樣的判斷，是因為早在空無一物的階段，就看到整體完成的風貌，才能分辨出哪些必須花功夫、哪些可以精簡。

有份有趣的研究報告指出，「即使是透過虛擬和想像，只要一個人能描繪晚年的情境，在儲蓄的性質和食物的揀選上，

\ 今天能做的小練習 /

試著開口說三次：
「我不知道該怎麼做，但知道自己可以做到。」

都會改採較明智的選項。」從這個實驗結果也能得知，**想像自己未來的理想樣貌，能幫助我們養成下意識蒐集必要事物的習慣**。

　　我在成為作者前，曾試著用名為空椅子的心理療法，詢問十年後的自己。做法是將兩把椅子並排，先坐上第一把，從現在的角度提出問題；之後再換坐另一把，以十年後的角度回答問題。像是「要怎麼做才能出書」「現在已經出了幾本」「現在做什麼工作」「假日都在做什麼」等，都是我問過的問題。到現在，當年的答案幾乎都已經實現。想像完成後的樣子，你就能體驗必要的事物聚集而來的感覺，為那股威力震撼不已。

　　有一次，本書的兩位作者決定一起去看極光，買了極光的照片當裝飾。後來兩人參加某場活動時，剛好有極光之旅專家在場，分享了一些情報，像是「為何看極光會給人冬季的印象？這是為了在沒有觀光客的酷寒時期，吸引觀光客的手段」，還有「如果去位於加拿大內陸的黃刀鎮，就算在夏季，也有90％機率能看到極光」。於是我們就決定在夏季前往黃刀鎮，去名為極光村的地方觀賞極光。

　　想去黃刀鎮，必須在加拿大境內轉乘國內線。由於班機延

誤超過兩小時，結果無法參加第一天的賞極光行程。不過也幸虧如此，我們才會搭上延遲的班機，體驗在極光中飛行的奇蹟。

　　回國後，我們看著裝飾的極光照片，才赫然發現照片中的帳篷，竟然跟我們在極光出現前用來取暖的帳篷如出一轍。再仔細一看，原來上面有行小字「Aurora Village」（極光村），讓我們不禁哄堂大笑。沒想到隨手掛上的夢想照片，居然帶來了必要的訊息，引發奇蹟，讓我們造訪了照片中的地方。

　　想像自己未來的理想樣貌，用模型、3D、預告片、繪畫或投影片等形式加以呈現，或是空椅子問答、裝飾照片等，你可以從中選出自己做得到、也想做做看的方法，然後趕快嘗試。

應用篇｜這種時候就用這個方法　　179

79
別人是一面鏡子，倒映出你的自我評價

有些位於潛意識深處、自己（顯意識）無法察覺到的東西，身旁的人會告訴我們。

我以前是全職職業婦女，孩子年幼時，為了工作和育兒蠟燭兩頭燒，抽不出時間讓心靈喘息片刻。當時心裡總是想：「我還做得不夠好，一定要當個更好的母親……」

現在回想起來，我真的非常努力，但當時並不覺得。某個週日的早晨，當我以為自己可以久違地好好睡一覺時，丈夫竟然說：「還要睡啊？妳還真能睡呢。」聽到他這麼說，我心中不免有罪惡感。如果我能正確地評價自己，就不會有這種感覺，但當時的我卻認同丈夫，告訴自己：「不能再睡了，要做得更好才行……」

後來我學到**自己的世界是自己創造的。要讓人生中登場的角色說什麼台詞，都由我這個編劇決定**」的觀念，決定誇獎自己。

「我真的做得很好。明明有全職工作，還能兩者兼顧，連原本討厭的家事也做得很好。」

就在我一遍又一遍地誇獎自己，不管別人再怎麼批評，都能打心底覺得自己真的做得很好後，丈夫對我要睡到幾點也不

應用篇｜這種時候就用這個方法　181

───── \ 今天能做的小練習 / ─────

請對著鏡子說三次：
「我真的做得很好。」

再有任何意見。而且，我也敢開口說「我真的做得很好」了。既然我沒有變得比以前能幹，那改變的又是什麼呢？就是我對自己的評價。

周圍的人會讓你知道，你對自己有什麼評價。一切原因都在自己的心中。只要察覺到這一點，就能隨時重新創造。別人是映照你的鏡子。

提升傾聽力的三個祕訣

　　人際關係會變質，原因幾乎都出在「乍看有在聽，其實沒在聽」的矛盾上。

　　《聖經》中的「巴別塔」，講的是人類透過共通語言，順利建造通往天際的高塔，卻因而觸怒神。神讓語言產生混亂，使人類聽不懂彼此的意思，無法溝通，導致高塔以失敗收場。

　　以前，我曾委託 B 女士根據某位老師的講座，錄音撰寫文稿，但送來的內容怎麼看都跟講座的主旨背道而馳。更令人驚訝的是，文稿的長度還不及老師授課內容的一半。我向 B 女士確認，對方卻強調這是她全程認真撰寫的成品，沒有偷懶。

　　說起這位 B 女士，她總是反其道而行，愛做別人討厭的事，給人一種壞心眼的感覺。經過這次的撰稿事件，我發現 B 女士不僅會漏聽內容重點，還有從反方向解釋的毛病，所以才會在無惡意的情況下做出相反的事。總之就是聆聽力很差。

　　每秒接收到的訊息中，我們只能認知其中的 0.00036％。這相當於在 110 冊文庫本中只讀到一行的程度，更何況我們還會下意識地選擇自己認為重要的部分。由此可知，**若對方的話引不起我們的興趣，我們就會充耳不聞**。

　　傳授能提升傾聽力的三個簡單祕訣。第一個是**不時重複對**

\ 今天能做的小練習 /

在別人說話時，
試著重複反問：「是○○嗎？」

方的語尾，反問：「是○○吧？」。第二個是**透過反問：「你的意思是○○吧？」歸納前面聽到的內容**。只要掌握適當時機，如此回應，還能增進雙方的關係。因為這些祕訣都必須仔細聆聽對方說話才能做到，所以會讓人留下「這個人會好好聽我說話，態度很好」的印象。

再來第三個祕訣，就是**運用不須透過言語，就能達到傳接訊息功能的非語言交流**。透過肢體動作、視線、聲調，就能掌握對方整體發出的重要訊息，活用在溝通上。用溫柔的視線，看似不經意地仔細觀察對方及周遭，提醒自己認真聆聽，用心接納對方的用意和真心。只要這樣做，對方就有受到重視的感覺。而進行非語言交流時，若能留意各地區的手勢差異，善加利用，無論和世界上哪個國家的人交談，你都能充分地聆聽。

81
改善人際關係可以這樣做

　　當我們想用本書介紹的方法，改善人際關係和伴侶關係時，如果對方是家人或重要的人，就會變得患得患失。你可能會半信半疑，對是否可行感到不安。但要是你不去實行，好不容易得到的資訊就會束之高閣，十分可惜。所以我建議剛開始，可以從不喜歡的人試起。

　　記得我剛開始學心理諮商時，雖然講座的學員互相練習時的效果不錯，可是換到現實生活，感覺就不同了。每當我重複對方的語尾，或是歸納大意說給對方聽，都會擔心對方會不會覺得這樣很做作，心中充滿不安。

　　後來，我遇到一位不知該如何應付的男性。反正也不怕被他討厭，就把課堂上學的聆聽法用在他身上，沒想到他竟然覺得和我聊天很愉快，還反問：「為什麼妳都知道我在想什麼？我正想那麼說。」後來他態度變好很多，甚至對我產生好感、想找我聊天，讓我有些困擾。

　　此外我也很驚訝，在課堂上學到的「說話者往往不知道自己在說什麼」，竟然獲得了證實。經過這次嘗試後，我有了自信，更加確定這樣可行。如今我已能自然地把心理師的聆聽法運用在家人身上。

＼ 今天能做的小練習 ／

跟感到棘手的人交談時，
試著仔細聆聽對話內容，
並不時重複對方的語尾。

試著實踐後，你應該也會有和我類似的體驗。既然是**面對原本就不喜歡的人，就不會因為害怕失敗而不敢嘗試**。一旦成功，得到自信與證明，接下來就能實踐在家人和重要的人身上了。

是她的話，失敗了不見面也沒差，乾脆來試試吧。

我做了這麼厲害的事哦！

原來妳做了這麼厲害的事啊。

沒錯！妳怎麼知道？

真的很有效呢。

82

不是「不能」，是「不做」

平時無意間使用的字彙，會以超乎想像的力量掌控自己的人生。

我們在拒絕別人的邀約時，總是不自覺地使用「～不能」（can't）的句型，例如「我今天要工作，不能一起去喝酒」「我要照顧孩子（父母），不能去參加同學會」等。

這個「can't」句型固然方便，但沒有力量。這是因為**你對大腦下了「因為某個人（某件事），所以不能～」或是「我沒有權力自己做選擇」的指令**。這樣會把「我不能、我沒有」的觀念植入潛意識。

其實不是「不能去」（can't go），而是這次選擇「不去」（won't go）。這是我的自主選擇，不是我「做不到」「沒有能力」。請刻意把思維從「不能去」（can't go）改成「不去」（won't go）。

當我採納這個觀念開始實行時，內心起初是有點抗拒的。畢竟拒絕別人的邀約時，說「因為～不能去」就不會覺得是自己的錯，心情比較輕鬆。我也發現自己不習慣以「這次我不去」為由，果斷地拒絕別人。但只要改一個字，就能把「這是以我的意志決定」的訊息送進大腦，進而產生**人生要以自己為主體**，

＼ 今天能做的小練習 ／

試著說三次「我不去」。

自己做選擇，責任也要自行承擔的觀念。

不是「不能去」，而是「不去」。雖然只差一個字，卻是為自己拿回權力的關鍵。

謝謝邀請。
這次我就不參加了。
下次再看看。

83
彷彿親身經歷般觀察和體驗想像

你是如何在想像中描繪夢想呢？不知道你有沒有發現，想像其實有兩種方式。

第一種是**彷彿用攝影機錄影的想像法**。這時你本身也會在想像中登場，稱為「觀察想像」。

另一種則是**透過自己的雙眼來看的想像法**。這時你不會出現在想像中，稱為「體驗想像」。

以結婚典禮為例，「觀察想像」會出現新郎新娘比肩而立，或是在海邊看到一對新人的景象。至於「體驗想像」，（如果妳是女性）就會看到新郎的表情和服裝、家人和朋友，以及婚禮現場的情況。

自從讀了約瑟夫・墨菲博士的書後，我為了吸引結婚，每晚都會想像結婚的場景。現在回想起來才知道，那正巧是「體驗想像」。我想像的是站在教堂裡，左手無名指被套上戒指的畫面（只看到自己的左手，全貌並沒有在想像中出現），以及儀式完成後驀然回首，看到許多來賓為我祝福，甚至還因為人太多，有些人必須站著觀禮的畫面。等到真正的婚禮當天，準備退場時一回頭，真的就看到有來賓站著觀禮，讓我頓時起雞皮疙瘩，不禁心想：「啊！就跟我想像的一模一樣！」直到現在，我都

應用篇｜這種時候就用這個方法

―――＼ 今天能做的小練習 ／―――

試著想像你和理想伴侶手牽手，
露出笑容的樣子。

還記憶猶新。

你也可以**自我檢視一下，看看你的想像方式是「觀察想像」，還是「體驗想像」**。不論是穿著漂亮婚紗的新娘和帥氣的新郎、在眾人祝福下並肩前行的畫面，還是兩人相視而笑，滿臉幸福的模樣，只要像這樣反覆觀察想像，你受邀參加婚禮、看到婚禮場面的機會可能就會增加。

至於「體驗想像」，也別忘了多加利用。

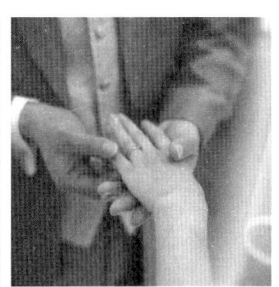

交換戒指的觀察想像。　　　交換戒指的體驗想像。

84

拚命讚美自己

言語是有力量的。你知道說出來的話，會對別人和自己造成多大的影響嗎？

瑞典的家具製造商 IKEA，曾為了示範言語霸凌會造成多大的負面影響，做過一場實驗。他們在阿拉伯聯合大公國的學校，分別錄下學生讚美「我喜歡你，你讓這世界變得更美麗」，以及辱罵「你看起來很沒用，為什麼還活著？」的聲音，讓一株植物每天聽讚美，另一株每天聽辱罵。

過了30天，聽讚美的植物生長良好，翠綠繁茂；聽辱罵的植物則枝葉下垂，枯黃一片，兩者的結果一目瞭然。由此可知，說出來的話語力量很大，甚至能左右植物的茂盛與乾枯。

言語雖然肉眼看不到，但擁有能量。

你說出的話也是波動，不但會對別人和植物造成影響，對自己也一樣。你都對自己說什麼話呢？**鼓勵別人、善待別人其實意外地簡單；鼓勵自己、善待自己反而格外困難。**對別人會說「沒關係」「別在意、別在意」「我覺得你真的很努力」，換作對自己卻非常嚴格，老是批判：「為什麼我連這種事都辦不到？」「我還不夠成熟。」「不行，我得再多加把勁。」這種做法就跟 IKEA 的植物實驗一樣，只會讓自己凋萎。我們對

───────── \ 今天能做的小練習 / ─────────

請看著鏡子,對自己說三次:
「我喜歡你,你讓這世界更美好。」

待自己時,要像對別人一樣,不,應該更友善,給予更多讚美才行。一旦能體恤自己,溫柔以待,就能產生自己有資格得到更多的信心,提升自我肯定感,吸引的力道也自然會變強。

IKEA 的實驗中,被辱罵的植物和被稱讚的植物。

85

隨時都有好心情，
就能事事順利

生活中不只有開心的事，也有令人震驚、氣憤、煩躁、悲傷的事，可說是五花八門。這時你會想要是能發生開心的事就好了。其實，要是能靠自己讓心情馬上變好，開心的事就會發生。俗話說：「笑容能招來福氣。」這正是吸引富足人生的真理。

提倡使用「感謝計數器」，主張不管是無事發生，或是遇到什麼，都要計算感謝次數的 WAO 有句座右銘，就是「心情好，一切就順利」。心情好就能保持笑容，讓周圍的人也開心。據研究指出，**只要一個人得到幸福，這份幸福至少能向外傳播三個層次**，可見得好心情、幸福感是會傳染的。散發好心情波動，會讓更多好心情的人靠近。好心情的人大多會得到委託，所以工作業績會變好，金錢也能不斷循環。

總之，要保持好心情。雖然聽起來簡單，但讓自己保持好心情，有時相當困難。為了不論何時都保持好心情，我們必須自我訓練，掌控切換心情的技巧。

我朋友的母親去車站時，遭人從背後推擠，結果摔下樓梯撞到鼻子，腫得很厲害。換作是別人，應該會很氣推自己的人，或是難過地想：「為何我這麼倒楣？」但她母親回家後，竟然照鏡子左右端詳，咧嘴一笑說：「阿凡達！」因為她的鼻子瘀

———————— \ 今天能做的小練習 / ————————

對著鏡子勾起嘴角,露出滿面笑容,
然後保持這個表情 30 秒。

青腫脹,跟藍皮膚原住民納美人的大鼻子一比,還真有幾分神似。朋友聽了當場大笑!

之後,她母親只要發現有人在看自己腫脹的鼻子,就會直喊「阿凡達!阿凡達!」,把很多人都逗笑了。像這樣連自己受傷都能拿來搞笑,保持心情愉快的做法非常幽默,值得我們仿效。

86

遇到問題時的處理妙招

當遇到困擾或發生問題時，注意力會聚焦在問題上，讓人越想越憂鬱，心情沮喪。像這樣的經驗，相信你應該有過。

在第 90 頁說明過創造的原理非常簡單。**保持好心情就會發生好事，保持壞心情就會發生讓心情更糟的事。**

舉例來說，假設職場上有同事很討厭，讓你為人際關係煩惱。「我很討厭那個人的這種地方，之前開會時，他也故意挖苦我。為什麼他的性格那麼糟？把時間花在想討厭的人身上，也讓我很厭煩。」越是這樣想，壞心情越會找上門。但即使想正面思考，如果內心抗拒，只會造成反效果。這時就要轉換人生的不同領域，去想、去做會讓心情變好的事。

比如說，工作上遇到人際問題、情緒低迷時，我會去運動流流汗，或是和朋友一起吃吃喝喝，開心暢談，藉此恢復心情。

凡是無須努力就能帶來好心情的事，不管什麼都行，像是下次旅行想去的地方、喜歡的嗜好、和寵物玩鬧的療癒時光等，都可以去想像，甚至實際做做看，這樣就能得到好心情。只要得到好心情，人生各方面就能吸引到更多讓你保持好心情的事物。就連正在煩惱的問題，也會透過意想不到的方式獲得解決，或是突然出現超乎想像的正面發展。

＼ 今天能做的小練習 ／

請開口說三次：
「光是活著就是賺到了。」

　　拚命尋找解決方法，本身就會帶來壓力，讓人心情變差。請先把這些煩惱擱在一旁，**換到其他領域，嘗試有好心情的事物**。切勿將時間和精力，浪費在內心抗拒的事物上。

87

為遇到的人更換人設

　　你知道足球有幾個面嗎？是 32 面。人也一樣有很多面，溫柔的自己、壞心眼的自己、心平氣和的自己、焦躁不耐的自己……你心中是不是也住著很多自己呢？有各種自己很正常。

　　當討厭的人在人生中登場時，就相當於把意識的聚光燈打在對方令你厭惡的一面，其他面則隱沒於黑暗中，完全看不見。職場上趾高氣昂的男人，或許在家裡是個妻管嚴；看似難應付的上司，回家後說不定是寵孫的慈祥爺爺。

　　你把意識聚焦在哪一面，看到的景色便會隨之改變。我本身就有這樣的經驗。

　　在我認識的媽媽友中，有位像大姊頭的媽媽。她很健談，很雞婆，什麼事都想插手，又很愛聊別人的八卦，讓我避之唯恐不及。後來，我按照「既然登場人物是由自己創造，就不用改變對方，只要在心中改造，那些人就會改變」的假說，做了一場實驗。我開始尋找那位媽媽友有哪些優點、有什麼值得感謝的地方，像是「有她在，班級就會很團結」「她是最照顧孩子的人」等。

　　就這樣試了一陣子後，她不但變成溫柔又體貼的好人，甚至成為我最要好的媽媽友！會有這種結果，**不是因為她變了，**

---　\ 今天能做的小練習 / ---

選一個有點討厭的人，
試著找出這個人有哪些好的一面。

而是我變了。以前我只看到她討厭的一面，當看到好的另一面時，我的印象產生變化，讓我能發自內心地感謝她，所以映入眼中的她，也就變得判若兩人了。

請試著在自己心中為登場人物更換人設，這樣必定會反映於外在的世界。

在職場上擺臭臉的同事

在孫子面前是
慈祥的爺爺

88
不必開口說「我很在乎你」，就能讓家人明白的方法

所謂的非言語溝通，是指言語以外的溝通方式，例如比手畫腳、心領神會、交換眼神，連日本人擅長的「讀空氣」也算在內。

我在書籍和講座中提過，可以透過在房間掛相框的方式，間接地向家人傳遞「我很在乎你」的訊息。實際嘗試這個方法的人之中，有99％都驚喜地表示：「家庭關係和人際關係都出現難以置信的奇蹟！」現在就來傳授這個神奇的方法。

叛逆期的孩子幾乎都以為自己沒人愛，導致個性變得扭曲。沒有被愛的實感，就是他們叛逆的原因。也有很多青少年認為父母偏愛其他手足，唯獨冷落自己。如果你家裡不只一個孩子，可以準備同樣大小的畫框，再仿照購入名家畫作時的規格，鄭重其事地將孩子笑容燦爛的照片，或是他們的得意大作放進畫框，並以同樣的高度，掛在會不經意看到的地方。布置時，記得做到完全平等。

過了一陣子後，你會發現家人的言行舉止出現變化。根據實行者的回報，家人會開始坦誠相對、精神抖擻、態度溫柔等，產生各式各樣的變化。

不經意看到、聽到的訊息，會在無意間影響言行舉止，這

\ 今天能做的小練習 /

把所愛之人的照片或畫像放進相框，
掛在牆上。

是啟動效應的作用。這個方法是**給家人和重要之人的間接情書，也是非常強大的非言語溝通**。如果看到對方的臉就想吵架，覺得說「我愛你」太難為情，或是對方處於叛逆期，溝通有困難，請一定要試試這個方法。

在公司也一樣，你也可以對老闆、員工或顧客，活用這種非言語溝通的方式。

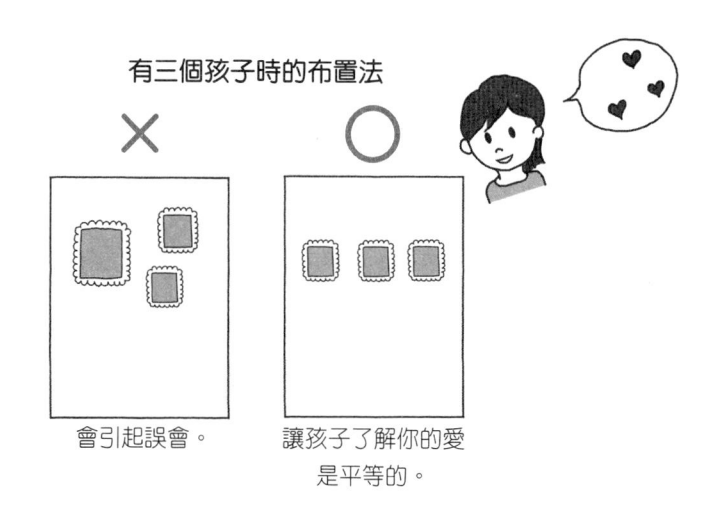

有三個孩子時的布置法

× 會引起誤會。

○ 讓孩子了解你的愛是平等的。

89
自己沒察覺到的
可怕表情

　　有位編輯為了書上的「室內改造 Before&After」單元，親自挑戰布置房間。

　　當時編輯的孩子還在念小學，在學校遇到什麼事都不肯說，讓編輯有點煩惱。我就建議她在開放式廚房找個能看見自己臉的位置，在那裡擺面鏡子。

　　後來她聯絡我，表示在擺完鏡子當天，孩子就說出那天在學校發生的事，讓她大吃一驚。我問：「為什麼孩子願意說？」她回答：「孩子說，他看我下班後總是一臉疲憊，所以不想吵我。」這孩子真乖巧，懂得為母親著想。

　　那麼，為何會突然產生這麼大的變化呢？其實很多人在洗碗、工作時，表情都很嚴肅，有些人甚至會金剛怒目。周圍的人看到這種表情，就不敢跑來搭話。雖然自己沒生氣，表情卻很嚇人，自以為面帶笑容，其實臉上沒有笑意。

　　實際放面鏡子，就會發現這個問題。有時隨意一瞥，還會被自己橫眉豎目的樣子嚇到。你有看到快拍照片時，氣呼呼地喊「這是在拍什麼！」的經驗嗎？其實那就是你平常的表情。

　　還在襁褓中的你，原本是笑容滿面，但隨著歲月流逝，臉頰肌肉逐漸退化，導致表情和心情無法一致。如果不刻意留心，

\ 今天能做的小練習 /

在廚房或桌上找個會不時照到自己臉部的位置，
放面鏡子吧！

看起來就會兇巴巴的。

只要放面鏡子常常檢查，養成隨時保持笑容的習慣，周圍的人就會找你攀談，在路上也經常會有人來問路。就算突然對你按下快門，也能拍到讓你驚呼「我想要這張照片！」的好看笑容。

90

好想結婚的念頭太強烈，為何就不會實現？

　　有人說想要伴侶、想結婚，卻老是找不到好對象。如果問那些煩惱找不到伴，人生一片黯淡的人，他們心目中的理想對象有什麼條件時，會發現標準大多設得很高。比如要有足以媲美當紅偶像或博物館雕像的美貌、要聰慧、溫柔和強悍兼備、要有錢的男人、要溫柔的賢內助等等。

　　首先，我**建議你把希望對方具備的理想條件寫下來，再仔細檢視自己是否也有這些特質**。畢竟我們只能吸引和自己有相同波長和能量的事物，這一點在找伴侶時也不例外。再來，要把自己沒有的特質，透過體驗未來，刻意認知為自己個性的一部分。

　　比如，要是一直遇不到理想的對象，可以想像自己和理想伴侶相處後，會因為對方的什麼特質，而成為什麼樣的人，再透過體驗未來，去過那個「你」的生活。如果能在名為「自己」的單一人格中，擁有取得全方位平衡的理想能力，就算沒有人為你帶來幸福，自己也能充滿幸福。這樣的你會更有魅力，更容易吸引到有類似特質的人。

　　如果你的願望十分強烈，甚至出現沒有這樣的伴侶就無法幸福的執念，就會散發「現在沒有這個」的強烈能量，結果吸

---── \ 今天能做的小練習 / ──---

請寫下你希望對方具備的理想特質。
① (   )
② (   )
③ (   )

引來相同的能量和頻率,讓「現在沒有」的狀態持續下去。

來談談墨菲博士介紹過的某個案例。那是一位在開始探索心靈後,終於成功擺脫家暴丈夫的女性。這位女性在心靈頻率完全改變前,曾為了排遣寂寞,跟在酒吧結識的男性交往,不料又遇到家暴男。如果內心維持以往的狀態,就會吸引跟以前一樣的對象。在她徹底了解這一點後,就遇到能帶給她幸福的男人。

不管有沒有對象,自己都要過得幸福,這樣才會吸引到能一起幸福的人。我們要先在理性和直覺間取得平衡點,成為能調和男女特性的自己。現在就馬上來實現這個目標吧。本書的目標,就是要能看懂證據,以理性思考(男性特質,顯意識),利用直覺,在內在世界實踐吸引力法則(女性特質,潛意識)。

實踐每天的小練習,也是通往幸福的捷徑。

91

家人變得判若兩人的故事

　　有位母親因為家人總愛說不中聽的話、做惹人嫌的事而煩惱。經過觀察，我發現這位母親的家人其實很愛她，殷切地期盼能得到她的愛，但母親卻渾然不覺。每當家人一開口，她就立刻換上厭惡的表情。深知這一點的家人為了吸引她的注意，就故意說討厭的話、做討厭的事，讓她傷腦筋。

　　我把這個情況告訴那位母親，建議她別露出厭惡的表情，只要靜靜聆聽，她也乖乖照做。過了不久，她發現丈夫和孩子出門回來後，竟然變得判若兩人。這就是改變自己，家人也會像照鏡子一樣改變的例子。

　　霍金博士始終主張「平行世界並不存在」，但他去世前的遺言竟是「平行世界是存在的」。假如平行世界真的存在，這位母親可能是轉移到不同次元，去了有不同家人的平行世界。

　　接下來要分享的故事，雖然未經科學證實，聽起來很神奇，卻是真實發生。我有個熟人邊用手機聽音樂，邊走下坡道時，用非常誇張的方式慘摔了一跤。當時塞在耳裡的藍芽耳機飛了出去，他連忙搜尋，結果除了左耳和右耳各一，合計兩個耳機之外，又找到另一個型號完全相同的 AirPods，總數變三個。竟然多出一個！於是他把三個耳機拍下來，還拿照片給我看。

應用篇｜這種時候就用這個方法

------ \ 今天能做的小練習 / ------

對著鏡子說三次：
「我要選擇最棒的世界！」

聽說在當時的手機螢幕上，顯示的曲名爲〈Future〉（未來）。他向某個學識豐富的人提了這件事，對方告訴他：「可能是發生了時空錯位吧。」

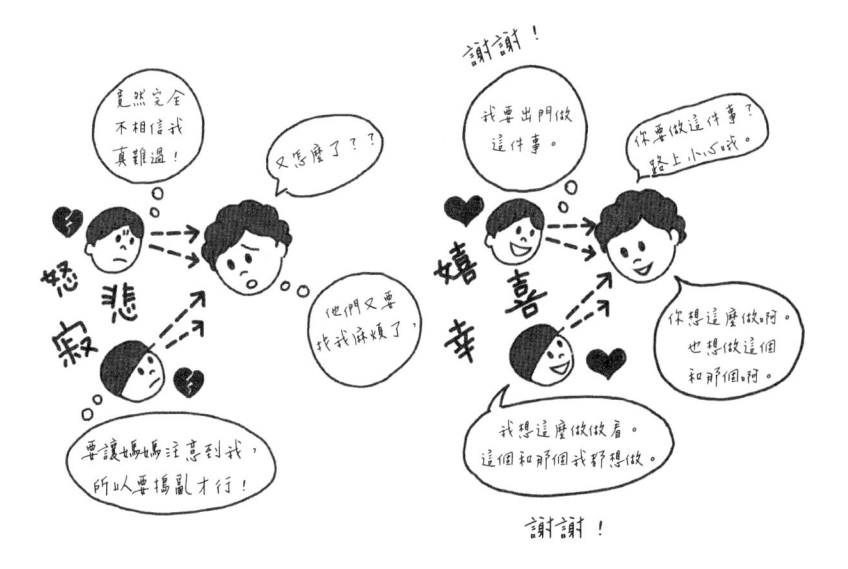

92

如果換上另一副眼鏡……

　　假設職場上有個你始終無法喜歡的人，這時可以想像，那個人在家裡或許是個好爸爸、好媽媽、好爺爺或好奶奶。當你改變看法，換上另一副眼鏡，有時會讓狀況變得截然不同，人際關係明顯好轉。

　　雖然算不上好例子，但我的確有換了另一副眼鏡後，狀況完全改變的親身經驗。

　　自從有傳言說某間大學要搬到我家附近後，就開始出現炒地皮的人。剛好在那之後，我家接連發生怎麼看都像有人找碴的事件，這讓我母親苦惱到身子垮掉，大病一場，甚至罹患了老人痴呆。

　　炒地皮的掮客，簡直就像電影裡常出現的標準小嘍囉，總是滿口胡謅，謊話連篇，完全不值得信任。明明拿著建築公司的名片，營利事業登記卻是長照機構，甚至宣稱他已經和總統講好了。聽說這些都是很常見的手法。他就這樣持續騷擾我家好幾年，讓我實在忍無可忍，怒火爆發，決心跟他鬥到底。不料，之後掮客來得更頻繁。

　　後來我終於感覺到不對勁，停下腳步自省。平時都在教別人換一副眼鏡來看的我，到底做了些什麼？痛定思痛後，我決

\ 今天能做的小練習 /

遇到怎樣也無法喜歡的人時,
可以試著幻想對方意外良善的一面。

定做個實驗。

我試著想像掮客回到家後,在太座面前抬不起頭來的糗樣。即使被老婆責問:「你今天有炒到地皮嗎?」他也只能心虛地回答:「沒有……」此外我也想像,他說不定認為炒地皮對社會有貢獻,懷著「我不入地獄,誰入地獄」的熱血鬥志在幹這一行。

沒想到,在我這麼想像後,炒地皮的就再也沒來了。

93

你也有肉眼看不見的啦啦隊

　　雖然還沒有科學上的實證，但自從發生前面介紹的「房屋權狀事件」後，我經歷了種種不可思議的神奇體驗，包括據說死後會看到的人生走馬燈。所以我要在這裡談談對「肉眼看不見的人」有何看法。

　　如果你為人父母、擁有重要的人，當你要離開這世間時，最後的心願應該是希望還在世的孩子和重要之人能過得幸福。**與你的生命相連的祖先人數，已經達到天文數字，他們是支大軍，齊聚一堂為你加油**。如果和他們打好關係，只要許願，他們都樂意伸出援手。

　　那麼，要怎麼和肉眼看不見的人建立良好關係呢？就是**在許願前，先透過祈禱向他們說感謝**。順帶一提，我沒有任何宗教信仰。這裡的祈禱和宗教無關，純粹是對祖先表達謝意。如果能養成隨時隨地感謝的習慣更好。

　　這種用來感謝的祈禱，可以讓你和肉眼看不到的啦啦隊彼此連結，產生羈絆。這些無形的人各有擅長的領域。如果有人適合處理你正在面對的事，他們會選擇合作，一起聲援你。

　　我住在京都，有些神社由社區負責維護。有一次，娘家社區負責維護的神社，不幸遭颱風重創，由於災情太慘重，大家

\ 今天能做的小練習 /

對祖先祈禱，
說「感謝你們」。

　　都不知該如何是好。正當眾人一籌莫展之際，我跑去某間據說非常靈驗的神社拜拜。當晚我睡到一半醒來，忽然發現棉被上方聚集了幾個光點。我憑著直覺，猜想那應該是神明，祂們看起來像在商量該怎麼辦。我一直以為神是絕對的存在，總是用命令的口吻，更不會迷惘，所以對神明會商量事情感到意外。我是因為這件事，才知道神明之間也會討論。之後，又發生一連串巧合，社區就在冥冥之中的引導下，將受重創的神社修復得完好如初。

　　神明也是我們祖先的祖先的、不知道多久以前的祖先。無論你信不信，只要在日常生活中常懷感恩的心，隨時隨地透過祈禱說「感謝你們」，就會有肉眼看不見的啦啦隊大軍來助你一臂之力。

　　雖然這是未經證實的吸引力法則訣竅，不過很多經營者都在實踐這個方法。近年也有學者針對肉眼看不到的世界進行研究。所以，請你務必試試看。

94

用意識治療疾病
安慰劑效應①

　　有研究指出，相信這個藥能治好自己的意念，會產生療效。「信者必將得救」「有信心，糞土也能變黃金」「病由心生」等俗諺，都在暗指是我們的意識創造現實。這一點能透過安慰劑效應的概念來說明。

　　安慰劑的英文是 placebo，意思是假藥。所謂的**安慰劑效應，是指效果並非來自實際的醫療品和藥物，而是出自患者的心態**（信念和期待）。

　　安慰劑效應經過諸多研究及臨床實驗，已取得學術上的證明。例如，2022 年一項以 788 名關節炎患者為對象的研究報告指出，服用安慰劑的患者不僅主觀上症狀有所改善，代表關節炎程度的 CRP 值也的確出現顯著的改變。

　　對帕金森氏症患者投以安慰劑後，腦內會實際釋放多巴胺。還有很多研究報告也證實，安慰劑效應具有減輕偏頭痛、緩解疼痛、治療憂鬱症等功效。

　　除了進入人體的藥劑外，信念、期待、定見也能治癒疾病。也就是說，你的意識能改變身體。有研究結果指出，在神蹟顯現治癒疾病的案例中，神力的信仰引發了安慰劑效應，所以實際上治好身體的，是自己的意識。

── \ 今天能做的小練習 / ──

請一邊用手輕柔地從腳尖撫摸到頭頂,
一邊不斷地說「謝謝」。

我們的意識就是有這麼強大的力量。不論你相信什麼,結果都一樣。**只要是你真心相信的事物(信念),就會化為現實。**

情況一定會越來越好!

我已經吃藥,沒問題的!

95 只靠言語沒假藥也可以
安慰劑效應②

就算不做假處理、不使用假藥，僅憑言語暗示，也能產生安慰劑效應。

2007 年在哈佛大學進行的實驗，已證實言語帶來的安慰劑效應，甚至能引發肉體上的變化。

受試者為 84 名女性旅館清潔人員。研究團隊將她們分成兩組，只對其中一組說：「妳們（清潔打掃）的工作是很好的運動，符合美國公共衛生局推薦的積極生活方式。」

過了四星期後，聽到這句話的小組在體重、血壓、體脂肪、腰臀比、身體質量指數（BMI）等方面，都有明顯的進步。

她們的工作量沒增加，工作以外的運動量也沒增加，也沒有飲食限制。之前，她們不覺得自己做的清掃工作是運動，但當她們意識到「工作＝運動」，認知就發生變化，身材和細胞也跟著改變。

這正是意識創造現實的最好證據。隨著神經科學的進步，研究者開始觀察跟安慰劑效應有關的腦部區域和神經迴路的活動，逐步解開該效應在生理學上的機制。

我們的期待和信念，有著偉大的力量。希望大家都能刻意**挑選自己想關注、期待和相信的事物**。

＼ 今天能做的小練習 ／

請開口說三次：
「我做的家事和工作能帶來足夠的運動量。」

工作 = 運動

96

超越生物年齡的祕訣
終極的凍齡術

　　快樂的時光、熱衷於某事物的時間，總讓人覺得稍縱即逝；經歷痛苦、被迫做厭惡的事時，卻讓人感覺度日如年。想必每個人都有過這樣的經驗。由此可知，時光的流逝是主觀的感覺，每次不盡相同。

　　以我為例，同樣是一小時，若是看我最喜歡的連續劇，就會想：「咦？已經結束了？實在有夠短，好想趕快看到後面的劇情。」但要是參加內容貧乏、毫無意義的會議，就會想：「還不結束……竟然還有 30 分鐘……」

　　愛因斯坦有句名言：**「把手放在燒燙的爐子上，一分鐘感覺像一小時；和漂亮的女孩坐在一起，一小時感覺像一分鐘。** 這就是相對性。」

　　例如沉迷於嗜好時，以為只經過一小時，等看到時鐘才驚呼：「咦？已經三小時了嗎!?」這到底是怎麼回事？內心主觀經歷的時間是一小時，但時鐘計算的外界時間是三小時。就算實際上經過三小時，在你的世界只過一小時。換言之，在你的內在世界裡，時間流動的速度比外面的世界還慢。

　　專注於某件事到忘了時間的狀態，心理學上稱為「心流」。研究報告指出，人一旦進入心流狀態，就會出現和靜心時相同

── \ 今天能做的小練習 / ──

請想想看做什麼事會讓你不禁覺得：
「咦？怎麼這麼晚了！？」

的腦部活動。**當一個人總是做自己喜愛的事，不但會精神抖擻，看起來也比實際年齡更年輕**。這和靠靜心延緩老化，或許有異曲同工之妙。

當你沉迷到忘了時間，回過神才驚呼「咦？怎麼這麼晚了？」時，都是在做什麼事呢？請試著刻意營造這樣的時光，因為這是最棒的免費凍齡術。

咦？？
已經五點了？

97

疼痛也能靠意識控制

　　疼痛可以靠轉移注意力來減輕。剛開始寫這本書時，我不慎弄傷頸部，肩胛骨一帶疼痛不說，右手臂也很痠麻，寫字和打字都很吃力。後來朋友介紹一位技術很好的推拿師，我就請師傅來家裡幫我推拿。

　　推拿時，他看到放在陳列櫃中的《3分鐘未來日記》問我內容，我為他解釋時，忍不住越說越起勁。後來師傅問：「您剛才在說明《3分鐘未來日記》時，沒有感覺到痛吧？」我聽了嚇一跳！這麼一說的確沒有。

　　接著師傅又說：「您接受推拿時，眼睛是閉著的，您自己發現了嗎？閉上眼睛時，會下意識地去感覺疼痛，所以要睜開眼睛才行。」

　　這時我才第一次知道，原來人在受傷後，會不自覺地一直把注意力集中在疼痛上。

　　之後，我刻意把注意力從疼痛處轉移到其他不會痛、還能動的地方，就覺得疼痛的時間越來越短了。

　　連疼痛都能靠意識控制的現象，其實在許多針對安慰劑的研究中已經獲得證實。例如讓偏頭痛患者喝安慰劑，據說頭痛就能改善。

---————— \ 今天能做的小練習 / —————

請閉上眼睛,手貼在胸口,
說三遍:「我的心跳很規律。」

　　患病的患是「心」部,代表「病由心生」。當身體狀況不好時,千萬別讓心情也跟著變糟。心強則體強,心弱則體弱。**只要把注意力放對地方,疼痛程度和恢復速度也會發生變化。**

咦??? 不痛了!?

98

透過意象訓練，
讓運動神經突飛猛進

　　我（弘美）在十歲前是個骨瘦如柴，戴著鮮紅色賽璐珞框眼鏡，喜歡看書、討厭運動的女孩。

　　我想在下課時間玩躲避球，同學卻說：「只要有妳在就會輸，不要來我們這一隊。」我聽了很難過。如果能跑快一點，同學或許就會答應讓我加入，所以我決定早起晨跑。

　　在通往作為終點的神社路上會經過一家麵包店，跑了一個月後，晨跑變成為了買愛吃的鹹麵包順便散步的形式。即使如此，我還是擔心萬一放棄，「跑步很快」及「跟大家一起快樂玩耍」的希望，會跟著化為泡影，所以每天早上還是堅持出門。

　　我懷著颯爽奔跑的心情散步，然後坐在神社的階梯上吃麵包，一邊欣賞京都的晨間景色，一邊感覺自己變得很帥氣。最後我會滿心舒暢地回家梳洗，再去上學。

　　就這樣到了某天，我體驗到運動神經突飛猛進的奇蹟。在運動會上當接力賽選手、跳高跳出學校最好的成績、午休時同學都樂意讓我加入躲避球等，突然變成我的日常。這是因為我**每天早上都帶著好心情持續想像，讓吸引力法則發揮了作用**。

　　有實驗結果指出，假設做 15 分鐘 ×2 星期的肌力訓練，增加的肌肉量是 100%，那改用意象訓練（視覺化），也能增加

\ 今天能做的小練習 /

今天出去散步看看吧！

66~85％的肌肉。沒想到拚命訓練練出的肌肉量，竟然跟只用意象訓練的結果相差不遠！這個證據也能解釋，為何十歲的我會發生運動神經突飛猛進的奇蹟。

意象訓練是專業運動員的常識，其中隱藏著連肌肉細胞都能改變的神奇力量。**即使你不善運動、不方便運動，只要持續實行意象訓練，健康和體力的提升指日可待。**

/ 99 \

靠意象肌力訓練
成功減重

　　如果你有想靠運動讓身材緊實,卻無法持續下去的困難,意象訓練便值得一試。實行時,有兩點需要特別注意。

　　第一點是關於意象訓練的內容。剛開始時,我是想像脂肪溶入血液,排出體外,體內脂肪因而減少的畫面,卻導致血壓上升,呼吸不順,胸口發悶,只好趕緊叫停(如果我是醫生,或許就能正確想像了)。

　　後來我也沒多想,繼續嘗試,第二次照樣失敗。畢竟我不善運動,對肌力訓練的想像太模糊。試到一半時,我領悟到再繼續下去也是徒勞,決定實際接受肌力訓練的指導。

　　我學到如何透過訓練,有效率地減少腹部、蝴蝶袖、大腿等令人在意的肥肉。實行兩週後,身材變得緊實,穿得下喜歡的衣服,身邊的人也問我「是不是瘦了?」,讓我很開心。但因為我本來就討厭運動,所以決定不再跟著教練訓練。之後,我馬上改採意象訓練。如果你也是對運動不在行的人,**實際接受指導、用身體感受意象訓練的內容**,是相當重要的一環。

　　第二點是關於意象訓練的時間長度。意象訓練的地點非常自由,你可以坐在沙發上、在通勤的電車上,用零碎的時間完成,非常方便。但一定要注意肌力訓練的順序、速度、次數、

── \ 今天能做的小練習 / ──────

一邊看 YouTube 影片,
一邊做肌力訓練吧。

手腳在想像中的位置等,**忠實地想像體感,花費和實際肌力訓練相同的時間進行意象訓練**,也是重要的一環。

近年來,研究者們已達成共識,一致認為比起只有實地訓練,**結合意象訓練和實地訓練的組合更有效果**。史丹佛大學的研究團隊曾表示意象訓練<實地訓練<意象訓練+實地訓練。

一開始先請教練指導肌力訓練。萬一覺得沒辦法再做十次仰臥起坐,就靠意象訓練補足次數。感覺訓練很麻煩時,你該做的不是放棄,而是切換成意象訓練,並花費跟實地訓練同等的時間來進行。

這就是靠意象訓練肌力,將體型變緊實的訣竅。

100
意象肌力訓練、意象運動，需要持之以恆

　　我透過意象肌力訓練消除多餘脂肪，練出恰到好處的肌肉，並成功減重 17 公斤。很久沒感受達成舒適的體重和身體，讓我一時得意忘形，沒有繼續做意象訓練，結果後來又迅速回到以前的體態和體重。

　　可能是因為我長期保持有點圓潤的身材，以及略為過重的體重，身體基於恆定性，才會判斷這樣比較「安全」。之後我想起第 218 頁提過的運動神經變好的奇蹟，其實也是大約一年後就破功，恢復為原本的運動能力。

　　停止現實的運動和肌力訓練時，運動能力和肌力當然會下降。但意象肌力訓練、意象運動若無法持之以恆，效果也會大打折扣嗎？

　　2012 年，一項關於意象訓練的效果是否能長期維持的研究調查指出，在意象訓練暫停的期間，肌力和肌肉量會微幅下降。由此可知，**意象肌力訓練、意象運動，和實際的肌力訓練和運動一樣，若不持之以恆，效果就會打折扣**。

　　想維持適當的體重非常簡單，就是攝取和消耗的熱量達成一致。如果覺得「知道歸知道，但要是做得到，就不會這麼辛苦了」，利用意象訓練繼續維持，也不失為一種方法。

\ 今天能做的小練習 /

利用刷牙時,
持續想像自己做深蹲的樣子!

在這裡,我想先暫時放下吸引力法則,分享自己的減重經驗。飲食方面,我盡量減少碳水化合物,多攝取優良蛋白質。運動方面,若想迅速消除自己最在意的肥肉,做深蹲是最快的捷徑,除此之外,我還加上彎曲膝蓋就能輕鬆做的伏地挺身和仰臥起坐,以及有氧運動。為了讓成果一目瞭然,我也活用可經由 Wi-Fi 與體重計連動的手機應用程式。過程中就算體重略有增減,也不必為此或喜或憂,只要觀察肌肉量,讓整體朝好的方向發展即可。

還有千萬不要暴飲暴食,不累積壓力和疲勞。體內看不到的地方,有很多細胞和肌肉隨意象訓練發生變化。請對這部分表達感謝之意,好好慰勞自己的身體。

哪怕只花一點時間也好,讓我們把現實運動和肌力訓練,以及意象肌力訓練和運動放進日常習慣,努力持之以恆。

101
讓劇痛消失無蹤的 個人經驗談

　　身體有某處疼痛或狀況不好時，就算這部分只占全體不到百分之一，意識也會集中在該處。這時最好將注意力轉移到身體狀況較佳的部分。

　　有一次我打掃時不慎手滑，細長的重物砸到右腳無名趾。打赤腳的我頓時感到一陣劇痛，但因為沒有腫起來，就沒放在心上。

　　後來我忘了這件事，隔天必須穿皮鞋出門辦事時，才走幾步就感覺右腳無名趾傳來陣陣劇痛。正當我心想「不行，今天這樣沒辦法走路」的瞬間，直覺告訴我，或許把注意力轉移到其他健康的手腳，就能減緩疼痛。

　　於是我在心中默念：「痛的只有一隻，其他19隻手指腳趾都是健康的，1比19。感謝健康的手指和腳趾平時的照顧。」然後一邊深呼吸，一邊把意識轉移到其他正常的19隻手指和腳趾。就這樣走了20公尺後，疼痛竟然開始減輕，不久便消失了。

　　這是我個人的經驗，不保證一定有效。具體功效和持續時間，都會隨個人體質及當時狀況有所不同。有疼痛和外傷時，找專業醫師求診固然重要，不過對我來說，這次經驗也讓我實

> \ 今天能做的小練習 /

請選一個健康的身體部位,
開口對那裡說三次謝謝。

際體會到想像對健康的影響有多大。

有關於免疫力和心理介入的研究案例指出,對罹患惡性黑色素瘤的病人提供心理輔導,並在六年後進行追蹤,發現復發率和存活率都獲得改善。在減緩疼痛方面也有研究結果顯示,患者在急性燒燙傷的治療過程中使用虛擬實境後,有人的痛感產生變化,有人則減輕了。

雖然還需要更多研究,但至少可以確定,**我們的意識和想像有可能為健康帶來有益的影響**。這是一個值得探索的領域。

當你受了只需要貼 OK 繃的擦傷時,可以這樣試試看。

好痛喔。

咦!?
不痛了!

沒事的

102

只要半年就是全新的自己！

我們的肉體每天都有細胞死去和重生。細胞重生的週期不盡相同，皮膚細胞大約二週～一個月，血液細胞大約幾天到幾週，肝細胞大約六個月。

由此可見，經過半年等於是全新的自己。即使是週期最長的骨細胞，也是大約每十年就重生一輪。就連之前以為不會再生的神經細胞，據說也有重生的可能，目前有相關研究正在進行。

大致上來說，六個月後你會有全新的細胞，十年後連骨骼都是新的。所以我想提出以六個月後為目標，從現在就能開始增進健康的方法。

雖然目前科學家尚未找到確切證據，證明思考會直接影響細胞再生，但的確有個稱為「身心相連」的概念。如果心理不斷承受慢性壓力，免疫系統的功能就會下降，使身體容易感到不適，甚至罹患疾病。相反地，如果透過正向思考和減輕壓力去支援免疫系統，可能會促進健康。

在第219頁提到有實驗結果指出，透過意象（視覺化）練出的肌肉量，平均可達到實際訓練成果的八成左右。由此可知，連細胞都可能因想像而產生變化。

\ 今天能做的小練習 /

請抄寫以下的句子：
「我越來越健康，天天變年輕。謝謝。」

所以請試著想像：「**我正在一點一點變健康。我會越來越健康。體內的細胞每天都會正確地再生，幫我重返青春。**」等到細胞全面更新的半年後、十年後，就能跟今天之前做比較，看看肉體的健康狀態有什麼變化。不覺得讓人充滿期待嗎？

我一天天變年輕。

我一點點變健康。

六個月後細胞變全新的人類

一次又一次重生更新

十年後連骨頭都全新的人類

103

提升自癒力

　　我們的身體原本就具備自癒力，比如不慎跌倒，膝蓋破皮流血時，傷口會自然癒合，皮膚也會再生。如果有細菌從外界闖入，白血球會發動攻擊，必要時還會提高體溫進行殺菌。**自癒力是人人皆有的潛意識之力。**

　　提升自癒力，可以維持健康。不管是受傷動手術，還是生病吃藥，後面的恢復期都是藉由這種人人皆有的自癒力，依 DNA 的設計圖讓受損的細胞自然地修復再生。

　　我來介紹在《祕密》一書登場，描述個人經驗的「奇蹟之男」莫里斯‧古德曼的真實故事。

　　他駕駛小飛機時墜機，變成除了眨眼外無法動彈的植物人，甚至被醫生宣布可能終生無法恢復。但他堅信不管別人怎麼說，自己的想法最重要，決心讓自己恢復正常，走出醫院。之後不管別人說什麼，他都充耳不聞，躺在病床上專心想像出院的樣子。當原本無法自行呼吸的他，進步到能拔掉呼吸器時，把大家都嚇了一跳。接著他又立下在聖誕節當天自己走出醫院的宏願，開始復健。經過八個月後，他在眾人「怎麼可能」的驚呼聲中，如願地走出了醫院。

　　他曾說：「凡是阻礙自己實現目標和願望的事物，我都不

\ 今天能做的小練習 /

請想像自己用最健康的身體狀態,
愉快地享受旅程。

放在心上。人可以變成自己想要的樣子。」

如果是你,會詛咒自己的不幸,一直掛記著意外和醫生的宣告?還是會想像自己恢復正常,走出醫院的景象,朝著這個目標開始復健呢?

自癒力因人而異。撇除遺傳、年齡、外在因素等無法控制的部分,只要平日多花點心思,改善健康情況、生活習慣和心理因素,就能提高自癒力。

104
不要太常對別人訴說身體的不適

　　已經請醫生治療後，就不要太常對別人提起身體的不適，只要開心地度過現在就好。

　　思考和語言的力量，能改變細胞和行為。關於這一點，本書多次提出證明。所以我們可以預見，**當一個人越記掛病痛，惴惴不安，壓力就會越大，抵抗力和自癒力也會越低。**

　　「奇蹟之男」莫里斯‧古德曼的妻子凱西‧古德曼曾罹患乳癌。她知道壓力對身體最不好，就選擇不斷對身體說：「謝謝你治療我。」夫妻還會一起看電視上的喜劇，一同歡笑。後來乳癌就消失了。

　　我身邊有朋友老愛提生病的事，擔心這擔心那，結果死於癌症；也有朋友採用跟凱西相似的做法，結果讓主治醫生驚呼「乳癌消失了」。

　　在賽車比賽中，有賽車手在車子打滑時看著牆壁，結果就撞上了；也有賽車手即使車子打滑，眼睛也緊盯著回去的路，結果順利地回到賽道上。

　　如果想過身體不適的生活，你大可以去想、去說生病的事，但**如果想讓身體變好，就該去想、去說身體變好的事。這是吸引的基本法則。**

── \ 今天能做的小練習 / ──

想像自己全力衝刺，
大喊「好痛快」的樣子吧！

　　自癒力低落的原因之一，就是處於壓力過大的狀態。目前已知壓力會引發慢性疲勞、頭痛、消化方面的問題、憂鬱症、不安和焦慮。如果一直提起生病的事，太放在心上，就會感覺有壓力，自癒力降低。這樣簡直像在說「我不想把病治好」，甚至可能讓身體情況更惡化。

　　思考和敘述身上的疾病，會引發壓力，妨礙治療，一點好處也沒有。你可以先探尋名醫，做有益健康的事，等找到醫生開始治療後，就換成去說、去想、去做能幫助痊癒，讓身體變好的事。

妳臉色不好呢 ── 我的病〇〇△△
不安 壓力
妨礙自癒 DOWN

妳氣色不錯呢。 ── 我的狀況越來越好了♡
安心
UP！
幫助自癒

105
不是沒有，
而是你看不到

　　願望不能實現的理由，就是每次許願望時，對大腦下達「沒有」的指令。明明是因為沒有才想吸引，結果卻本末倒置，到底該怎麼做才好？

　　有一次我去馬來西亞出差。工作順利結束的第二天，我吃完晚飯回到飯店時，忽然想到：「好想在升級後的房間，在漂亮的浴室洗精油浴或泡泡浴。要不要乾脆問櫃台看看呢？」但想歸想，我還是直接回到房內，照平常的方式入浴。

　　隔天，我不經意地瞥見立在洗手台旁的說明卡，有了驚喜的發現！原來這裡可以請專人到客房，由房客挑選喜愛的香味，有專人再依照香味準備精油浴或泡泡浴，而且價格竟然1,000 日圓有找！「哇！超驚訝的！」畢竟我以前從沒看過或聽過有這種服務，在我心中等於是「不存在」的，所以即使說明卡映入眼中，大腦也無法識別，無法認知。

　　像這樣以為沒有的事物，即使存在於世間，實際上你也看不見。當你想吸引某樣事物時，要先建立「我想吸引的事物其實存在，只是我還沒意識到」的前提。**「因為沒有，所以想要」**和**「其實有，只是還看不到」**，在認知上的差異可說是天差地遠。

\ 今天能做的小練習 /

請環視目前所在的環境，
數數有幾個「紅色的東西」。

當你想吸引什麼時，就代表你沒有想吸引的那些事物。如果你是因為沒有而想吸引，有一點很重要，就是**要理解你想吸引的事物是存在的**。因為五感接收到的訊息中，只有 0.00036％ 會經由大腦傳送給你（顯意識）。換句話說，**這世上存在的事物中，有 99.999％是你（顯意識）無法認知的**。

> 原以為沒有紅色的東西，
> 沒想到挺多的！

106

用錢買不到的財產

　　如果有人問：「你的資產有多少？請計算看看。」你會把什麼和什麼加總起來？應該是銀行存款、手頭上的股票、土地、房屋等的金額。

　　想要錢，大多是在錢不夠、感到不安的時候。在吸引力法則中，**就算現在沒錢，只要有現在已經很富足的感覺，就會被吸引到更富足的方向**。不過，當你正煩惱這個月該繳的錢還是不夠時，要如何才能想像自己過得富足又安心呢？

　　改問一個和開頭有點不同的問題：「請想想你的孩子和重要的伴侶，他們的價值是多少？」

　　那些人是你的寶物、你的財產，至少也有數億元到數兆元的價值吧。

　　你可以在腦中描繪重要的家人，試著想：「我家有無法兌現的一兆元財產。」這麼做非常有用。把愛的分量刻意化為數值，就容易產生「我已經很富足」的感覺，錢不夠、該怎麼辦的負面情緒也會開始變少，逐漸消失。

　　認知心理學的研究已逐漸證明，若能整理腦中因不安而混亂的思緒和資訊，就能得到放鬆、提升自我肯定、感情變得正面積極、制定決策和解決問題更順利等好處。

> \ 今天能做的小練習 /

請列出三個「用錢買不到的財產」。
① (   )
② (   )
③ (   )

不僅如此,深切感受到擁有錢買不到的財產,會使選擇性關注發揮作用,促使大腦自動尋找用錢買不到的財產。這樣一來,或許就能得到之前沒注意的賺錢提示、點子或運氣。由此可知,**用錢買不到的財產能提高吸引金錢的機率**,請你也一定要算算看。

107

願望實現時是什麼心情？
誰會幸福？

　　吸引力法則是想像獲得想要的東西時會有什麼結果，也就是**不自己推動過程，而是交由自然之流順勢而為**，不是要你超積極，做太脫離現實的幻想。

　　有一次某間公司的老闆來參加研討會，他說月底總會資金短缺，繳不出錢。他來參加其實有點不安，想著：「現在都這麼困難了，來這裡真的好嗎？」

　　這位老闆起初是想像「有○百萬日圓進來」。然而，只要做了無法由衷相信的正面想像，內心會無意識地產生抗拒，告訴自己不可能發生這種事，如此便會違背自己的預想，讓接下來的日子過得很鬱悶。好心情是吸引的訣竅，憂鬱不會帶來好結果。

　　相對地，當你**想像有了錢後，要拿來做什麼、有什麼心情、誰會得到幸福，露出笑容，錢財就會滾滾而來。**

　　我問那位老闆：「你需要錢的真正理由是什麼？」「得到錢後，你想讓誰變得幸福？」他一開始說客戶，後來才知道真正的理由是不想讓妻子擔心，想帶給她幸福，想看到她露出笑容。我就請他想像妻子喜極而泣，笑著說謝謝，然後被他緊緊抱住的景象。

＼ 今天能做的小練習 ／

請想像自己對最重要的人說：
「一直以來謝謝你。」
以及想像把裝有 100 萬現金的信封交給對方時，
對方會露出什麼表情。

　　這位老闆聽從我的建議後，事業便以驚人的速度蒸蒸日上。說聲「謝謝」並抱緊對方，是即使現在身無分文，也能想做就做的事。只要像這樣想像小小的幸福，覺得「這一天真美好」的機率就會提高。

　　吸引力法則的終極祕訣，就是保持好心情。與其用超積極的心態，去幻想獲得想要的事物，倒不如去想像、感受每個當下的愉快心情。

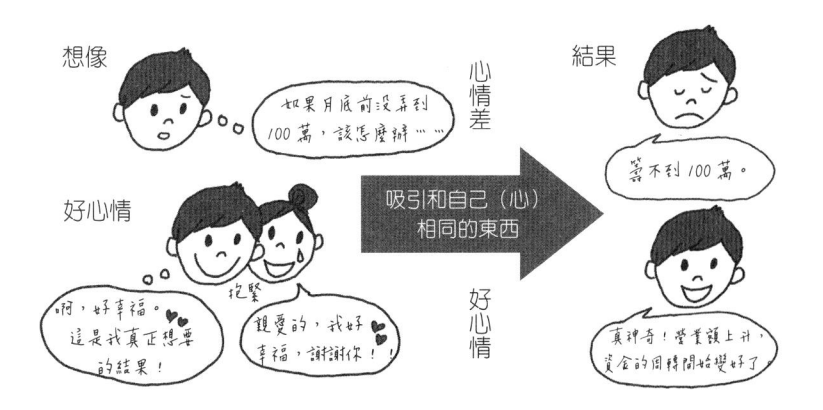

108
無法感受現在「有」時，可以這麼做

　　想有錢，都是在錢不夠的時候；想過得富足，都是在不夠豐足的時候。錢多到滿出來的人，不會想要錢；已經很富足的人，不會想過得富足。因為沒有，所以想要的想法，感覺上似乎理所當然。很多人把因為現在沒有，所以想努力得到的強烈意念，當成努力的原動力。

　　然而，當我們感覺「現在沒有○○」，就會對大腦下達「沒有」的指令。大腦會尋找你關注的對象，**如果不覺得現在「有」，未來也不會吸引到「有」的狀態**。

　　那麼，該怎麼改才好呢？就是揚棄「因為沒有，所以想要」的想法，養成感謝目前已有的一切，期盼未來會更好的心態。不是從負到正，而是從正往上加。

　　請參考第 234 頁介紹的內容，將無法用錢買到的財產化為實際數值。即使有 5,000 萬日圓的債務、存款是負數、被趕出家門、身上現金只剩兩塊，依然要告訴自己：「我的孩子有高於國家預算的價值。我就跟坐擁三兆日圓的資產沒兩樣！」只要保有這樣的心態，哪怕山窮水盡，也能吸引到收入和富足的心靈。

　　所以，請像這樣引導自己的意識，開始關注眼前已有的富

── \ 今天能做的小練習 / ──

請寫出三個自己已經「有」的富足。
① (　　　　　　　　　　　　　　　)
② (　　　　　　　　　　　　　　　)
③ (　　　　　　　　　　　　　　　)

足。**要過得富足的唯一方法，就是發覺現有的富足**。一旦察覺，自然就會產生「謝謝，我過得很豐富」的心情。

富足不僅是有錢，擁有健康的身體、自由的時間、能放心商量事情的朋友……只要你肯找，就能找到許多平時覺得理所當然、不曾特別注意，但其實自己已經有的恩惠和富足。

現在很富足的感覺，會進一步吸引更多富足。**「有」的意識會吸引「有」的現實，「沒有」的意識會創造「沒有」的現實。**

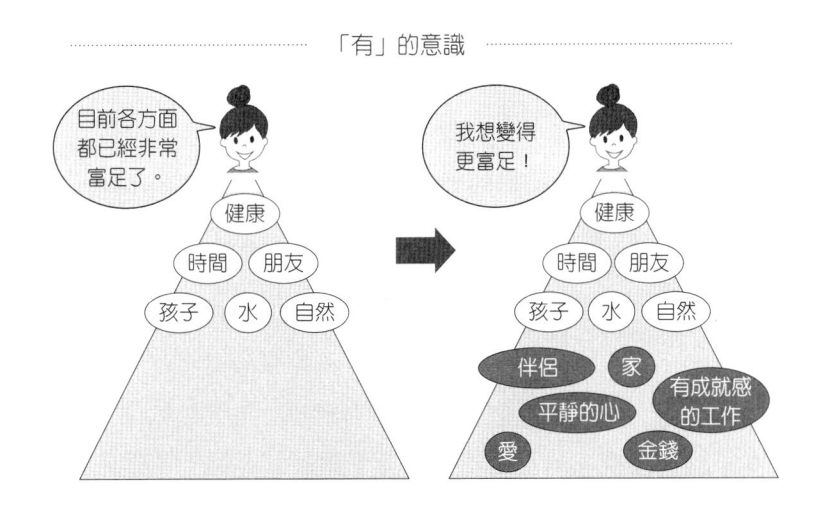

──────── 「有」的意識 ────────

目前各方面都已經非常富足了。
健康／時間／朋友／孩子／水／自然

➡

我想變得更富足！
健康／時間／朋友／孩子／水／自然／伴侶／家／有成就感的工作／平靜的心／愛／金錢

109

不必因為沒錢就放棄

　　你有過因為沒錢，只好放棄夢想的經驗嗎？當我們想要的東西、想做的事是可以用錢買到時，幾乎都會自動思考：「這需要多少錢？」

　　一般的思考流程大致如下：①產生「想要○○」的念頭；②調查需要的金額；③決定怎麼做。

　　例如「想住在大廈公寓的頂樓→調查金額，要一億日圓→就算貸款也買不起，只好放棄」，或是「想坐商務艙舒適地飛去巴黎→太貴付不起→只好放棄，改坐經濟艙」。

　　如果一直維持這種思考與行動模式，想住公寓大廈頂樓、想坐商務艙去巴黎的夢想，就不會實現。

　　當你用頭腦（顯意識）想到能實現夢想的方法時，請按照那個方法去做。但要是**頭腦（顯意識）認為不可能，就要使用潛意識的力量**。做法很簡單，就是身歷其境般，明確地想像實現夢想後快樂的模樣、欣喜的心情，以及感謝的心意。

　　在這裡，我們要分享自己的經驗。真由美在沒錢的時期，因為想住在能看到海景的公寓，就明確地想像從陽台看出去的景色。過了一陣子，真由美的丈夫任職的公司突然股票上市，原本一點一滴攢下的員工持股信託，轉眼間翻漲七倍，於是真

––––––––––––––– \ 今天能做的小練習 / –––––––––––––––

請開口說三次：
「就算沒錢，也有方法能實現夢想。」

由美就付了頭期款，買下有海景的公寓。

弘美幫忙維護的神社有次受風災破壞，重建需要一大筆經費。她決定先不想神社的困境，而是花了三天想像神社煥然一新的樣子。結果你猜怎麼樣？原本始終堅持只能貸款的京都府負責人，竟然在第四天再次來訪，改口說會出補助款。後來神社的修繕工程順利完成，變得如想像般煥然一新！

不管是股票公開上市，還是獲得補助款，都是我們的頭腦（顯意識）完全無法預測的事。**交給潛意識後，常常會以超乎預期的方法實現。**

請放下現在沒錢所以沒辦法的定見，刻意改採有各種方法可以實現的思考模式。

越是這樣相信，人生就越會發生這樣的事，因為**現實是以你的信念為基礎創造出來的。**

110

有○○的生活

　　只要有一點○○，就能感覺幸福，感到富足，心情很輕鬆、很滿足。你的○○是什麼？**有了○○，你散發出的波動就能吸引富足。**

　　我的「○○」是香水百合，我很喜歡這種花的香味。只要擺上香水百合，我就能想像富足、閒適、心靈充實的感覺，所以從前就對大腦下了「有香水百合的生活」的指令。

　　之後的發展，就是我找到能以實惠的價格，定期收到百合花的服務。現在家裡總是插著百合花（雖然不是香水百合，但香味很類似），每當聞到那摯愛的芬芳，看到花朵娉婷的姿態，都會產生幸福和富足的感覺。

　　請試著想像自己過著不虞匱乏的幸福人生。在那樣的生活中，有某樣小東西會讓你的心靈滿足又愉快。想完後，請在○○中填入某個詞語。在有○○的生活，你會填入什麼呢？

　　我現在希望的是能欣賞晨曦和暮色的生活。你不覺得在時間上、心靈上，這都是非常豐富的生活嗎？

　　請參考我介紹的範例，對大腦下達「有○○的生活」指令。有一個祕訣，就是最好選比較微小，不讓內心產生抗拒的事物。這樣一來，不僅是○○本身，你也會在不知不覺間吸引到富足

\ 今天能做的小練習 /

請試想「有○○的生活」,
為○○填上語詞。

與幸福。

有白百合的客廳。

引發超乎預期結果的方法

我在大學課堂上常用各種英語教材和練習傳達一個訊息，就是每個人心中都有可以實現願望的美好力量。來講座上課的Y同學，用英語發表了自己的夢想，幾週後來請教我的意見。

「老師，我有留學的夢想，但因為家中的經濟狀況不允許，只好放棄……」

我聽了再次提醒他：「即使是顯意識覺得不可能的事，用潛意識也可能實現。」不要認為沒錢就行不通，因為或許會出現其他的辦法。Y同學此時該做的不是思考該怎麼辦，而是明確地想像夢想實現後的情景，感受那分情緒，向潛意識下訂。

從那天以後，Y同學開始瀏覽想就讀的大學網站，想像自己在那裡快樂學習的樣子。大約一個月後，他興奮地向我報告：「老師，發生了不得了的事！上星期祖母為了祝賀我成年，竟然包了100萬日圓的禮金！」當然Y同學壓根沒想到祖母會送出這份大禮，還真是不折不扣的超乎預期。

這種超乎預期正是潛意識的力量。其實所謂的奇蹟並不存在，只是發生的事超出頭腦（顯意識）的理解範圍而已。如果能善用潛意識，就會有更多夢想以超乎預期的方式實現。

應用篇｜這種時候就用這個方法

\ 今天能做的小練習 /

請開口說說看：
「真沒想到，夢想竟實現了。」
「一不小心，夢想就實現了。」
「原本遺忘的夢想實現了。」

112

百萬便條紙的有趣用法

當我們做了不習慣的事,感覺心跳加速時,潛意識會透過身體傳送訊息,提醒我們:「這樣不像你哦。你平常不是這樣的。」

比方說,把 10,000 元交給客戶,你不會戰戰兢兢,但若是換成 100 萬元,你不會心臟狂跳嗎?

我第一次交付 100 萬元時,心跳得非常快。因為擔心被搶,我把錢裝進信封,塞到包包最裡面。還記得我全程抱著皮包,一路上緊張兮兮,舉止相當可疑,一看就知道身懷鉅款。這種充滿戒心的樣子,反而可能有反效果。

換作是錢包裡總放著厚厚大鈔的大富豪,就算帶 100 萬出門,也不至於心跳加速,畢竟這很「普通」。所以,現在傳授一個有趣的方法,可以不費吹灰之力,就把「有鉅款是理所當然」的想法植入潛意識。

這方法就是「百萬便條紙」。這是厚度等同於 100 萬現鈔的便條紙,從遠處看很像一疊百萬紙鈔。把這本便條紙放進常用的銀行信封,露出約三分之一,擺在平時會不經意看到的地方。

還記得第 112 頁提過的啓動效應嗎?無意間進入視野的資

\ 今天能做的小練習 /

買百萬便條紙放進常用的銀行信封，
擺在視野範圍內。

訊會植入潛意識，對下意識的思考和行為造成很大的影響。我們可以善用這一點，對自己灌輸有鉅款是理所當然的觀念。舉個實例，有研討會的學員做了這個實驗後，買彩券竟然中了100萬！

你也可以帶著玩心試試。這是簡單的實驗，卻能在不知不覺間改寫你對金錢的印象，當然也不要抱著過多的期望。總之，看到大筆現金不會心跳加速，就代表你成功了。這是潛意識已經改寫完成的證明。

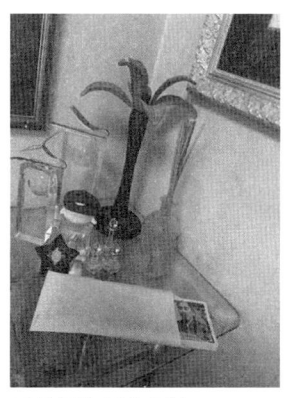

百萬便條紙的用法。

113

換了壁紙後好運連連

　　只要改變每天生活中不經意看到的圖像,就能輕鬆得到富足。正如第 34 頁提到**無意間透過五感傳來的訊息,會下意識地影響我們的思考和行動,尤其是視覺訊息所占的比例,達到八成以上。**那麼,家中面積最大,而且會經常看到的是什麼呢?答案就是牆壁。

　　長久以來,真由美都很憧憬石牆,用石頭砌的牆給人高級的印象。有一次,真由美從弘美口中得知有一種能輕易貼上牆面的進口壁紙,便跑去找,結果還真的找到石材紋路的壁紙。只要距離超過一公尺,看起來就跟真的石牆沒兩樣。這和真由美一直夢想的家完全吻合,於是她買了那種壁紙,貼滿整個客廳的牆面。

　　每當壁紙映入眼簾,大腦就會產生錯覺,把富足植入潛意識。或許是因為這樣,更換壁紙成了契機,使富足自然地降臨。

　　在第一本合著的《科學證實!吸引力實驗集》出版後第二年,我終於進行長年夢想的住宅翻修。家中的裝潢陳設搖身一變,成為最愛的高級飯店風格。在這樣的空間裡生活,想必已成為深植於潛意識的理所當然。

　　到旅館住宿時,也是好運連連,一下房型升級,一下免費

―――――――＼ 今天能做的小練習 ／―――――――

搜尋你喜歡的壁紙吧。

住宿。改寫潛意識的資料後，不必大費周章也能讓很多好事發生。請記得，刻意改變總是不經意看到的事物，就能輕易引發驚人的變化。

石材紋路的壁紙。

114

讓共時成為你的夥伴

有次參加某個講座，身旁恰巧坐著來自淡路島的人。當時我有朋友即將展開往返於淡路和東京兩地的生活，我便向她提議：「我們先去淡路看看吧。旅館我來訂。」後來打電話去鄰座學員介紹的飯店，剛好有空房就直接預約了。到了當地，才發現那間旅館只有兩個房間。

第二天早上，我們和另一間房的房客同時吃早餐。聽到他們說吃完早餐要去看房子，我們嚇了一跳。朋友忍不住向他們攀談：「其實我也在找住的地方！」對方就問：「那要不要一起去看？」我們便答應他們的邀約，一起去看房子。

看完房子，我們向對方道謝並先行離開，去島的另一邊兜風。結果幾小時前才道別的女士，竟然又恰巧出現。我們一起共進晚餐，相談甚歡，後來朋友還和那位女士一起搭新幹線回到位於關東的家。

之後不到一個月，朋友和那位女士就找到不錯的房子，兩人一起承租當室友。

像這種乍看是巧合，卻能引導事情進展的共時現象，其實很常見。**超越自己（顯意識）預想範圍的奇蹟，實際上是會發生的。有某種超越人類智慧的偉大存在，正暗中引領我們**。請一

> \ 今天能做的小練習 /

請開口說三次:
「發生共時是理所當然的。」

定要接受這個事實。你(顯意識)沒必要拚命努力。**順從直覺，不違逆潮流，委身其中**，事情自然就會在最佳時機，往好的方向進展。

發生共時是理所當然的♪
發生共時是理所當然的♪
發生共時是理所當然的♪

115

該付的錢趕快付清

申請喜歡的講座，收到繳費通知時，有人會馬上繳清，有人會快到期才繳，也有人想繳卻忘記，等到被催繳才補繳，做法不盡相同。其實從繳錢的方式，也能一窺一個人下意識的思考習慣。

我以前都是快到期才繳，年費也是接到未繳通知後，才驚覺：「啊，我忘了……怎麼老毛病又犯了！」然後連忙補繳。

然而，在我這種人的內心深處，其實潛藏著「付了就會減少」「不想付」「我沒錢」之類的匱乏感。應付未付的狀態，會讓必須繳錢才行的想法殘留在腦海一角，等於**不斷對大腦下達支付的指令，結果就吸引更多支付**。

自從得知這個長年的習慣是多麼讓自己遠離富足後，我就改變習慣，在能力範圍內盡量馬上付清。後來金錢的循環就越來越順暢，即使繳了又會馬上回到口袋。以前都是心不甘情不願地繳錢，現在倒變得樂意放手了。

貨幣的英文是 currency，原意是流動。**馬上付錢，等於主動讓金錢這種能量快點產生循環**。只要先用付錢轉動金流，就能靠自己創造富足的循環。因為你付錢時，就是某個人接收金錢變得富足的時刻。

\ 今天能做的小練習 /

現在就馬上繳清申請講座的費用吧。

　　付錢時，請對能自己付錢的豐足表達感謝。如此一來，**身上散發的富足能量就會形成循環，增長數倍，然後再回到自己身上**。請一邊想像那個過程，一邊付錢吧。

116
讓大腦以為錢多到用不完的「宇宙銀行實驗」

你覺得幸福的富翁都在想什麼？當然不會是「我想要錢」，畢竟他們已經很有錢了。

幸福的富翁總是想著如何用錢讓自己開心。可能是為自己買東西、帶家人去旅行、投資優秀的年輕人，或是捐錢貢獻社會。

如果能透過體驗未來，感受幸福富翁的思維、想像和感情，就能讓現狀產生同樣的變化。在這裡，我要介紹一個有趣的實驗，能為你改寫用錢的觀念。

那就是「宇宙銀行實驗」。請想像宇宙中有從古至今的無限存款，每天都會有錢匯入你的戶頭，不用不行。第一天是 10 萬，第二天是 20 萬，第三天是 30 萬，以此類推，這筆必須用完的錢，每天都會增加 10 萬。假設第一天你要買皮包和錢包，合計約 10 萬，至於要買哪個品牌、哪種款式、哪個顏色、哪種價格，就去網路商店實際調查。

真由美和弘美曾和朋友一起做這個實驗。我們設立臉書社團，每天報告用宇宙銀行的存款購買的物品和金額。還不到一個月，我們就「飽了」，沒有想要的東西了。後來我們開始送家人和朋友去旅行，或是找要捐款的機構。

―――――――\ 今天能做的小練習 /―――――――

請在「宇宙銀行實驗」
中決定如何使用十萬元。

等這種感覺出現後,實驗就算結束。一旦讓大腦產生錢多到用不完的錯覺,現實也會自然地轉換為有錢用的富足狀態。

至於我們的後續……在經過一番波折後,我們買了外國度假公寓的住宿權。現在每年增加的不是宇宙存款,而是住宿點數,情況也變成再不趕快用,點數就要過期了。

如今,我們真的改寫了「錢就要用」的思維。實際做過這個實驗就會知道,過程不但好玩,也發人深省。希望你也找朋友一同嘗試,互相分享心得。

117

為什麼想要？
真正想要的是什麼？

在心願排行榜的前三名中，一定會有「錢」。現在就來介紹想像金錢方面的夢想時，到底有什麼訣竅。

當我們想像獲得一大筆錢時，也就是會實現「好想要錢的自己」，這樣一點也不值得高興。畢竟已經有錢的人，不會好想要錢，所以我們也必須變成相同的狀態才行。

那麼，假設你已經有很多錢，狀況會如何呢？首先不安會消失。有了錢後，家人、朋友、業者之間的紛爭，應該也會消失，大家都笑咪咪的。旅行想去就能去、東西想買就能買，到最後你不再會有特別想要的東西，而**真正想要的，也會看得越來越清楚**。進入這個階段，你會發現自己其實**最想看到家人的笑容，希望每天都過得平凡幸福**。

有朋友曾說她的夢想是：「住在景觀優美的豪宅，養條狗當寵物。」為了這個夢想，她不惜犧牲睡眠工作，或許是這個原因導致搞壞身體，英年早逝。臨終時她說：「如果能和丈夫共享平凡的每一天就好了。我現在才知道那就是幸福，但我卻人在福中不知福。」

但願你在健康時，就能領悟到這一點。

首先要決定自己想要的金額，再思考想要的原因。如果想

\ 今天能做的小練習 /

請想像重要的人對你說
謝謝的情景吧！

買東西，就想像當你買到它，使用時是什麼心情。**你真正想要的，其實是那種心情，也就是當你得到想要的東西時，自己感受到的感情。**

如果訂下公司的目標營業額，就要思考這些業績能讓多少人幸福。請想像你真正渴望的事物、想像顧客的笑容、想像達成目標營業額時，你會看到的景象。

在「想要」的前一步驟，一定會有某些事物。只要你能想像那些事物，就能吸引到真正想要的目標。

118

把家裡的毛巾換成高級品

正因為肉體有生命，活著才能享受感官帶來的感覺，只可惜人們往往太急著追逐成果，還沒完全感受當下的一切，便匆匆地快步通過。

最能將吸引力法則的效果發揮到極致，就是活在當下。我猜你已經知道了。花費比以往更多的時間，慢慢感受各種聲音、影像、芳香、觸感、滋味的細微之處，就能將吸引的力量提升到最大。

想透過五感體會富足的感覺，其實有個簡單的方法，就是把毛巾換成高級品。家裡的毛巾往往花色不統一、觸感硬梆梆，偶爾還會飄出在室內陰乾的黴臭味。你可以試著把這些毛巾統統換掉，改用蓬鬆柔軟、散發高級飯店氛圍的毛巾。

使用時要帶著愉悅的心情，充分感受蓬鬆的聲音、高雅簡潔的外觀、芳香的味道、柔軟的觸感（不小心碰到嘴巴時，或許還能嘗到味道）。過幾天後，你就會完全忘記過去的毛巾，把這些充滿高級感的毛巾視為理所當然。這時啟動效應就會開始運作，為你吸引來豐富的事物。

我們會為已逝的亡者供奉酒與食物。據說當我們吃喝供品時，逝去的人就能嘗到那些味道。由這個觀念可以得知，如果

應用篇｜這種時候就用這個方法　259

―――――＼ 今天能做的小練習 ／―――――

下定決心把家裡所有毛巾
都換成高級品吧。

是五感纖細敏銳的人，肉眼看不見的存在便能透過他們來體驗那些感覺，而無形的存在也會因為想讓這些人有更豐富的體驗而給予援助，讓我們過上更豐富的生活。

119

提前說謝謝

　　如果你有很想要的事物，在得到前先表達感謝，會更容易吸引到那樣事物。你可能會覺得難以置信，但我身邊真的有很多人只靠著一直說謝謝，就得到了想要的東西。

　　有人成為暢銷作家、有人得到寬敞的宅邸、有人靠商業的被動收入自由做想做的事，還有一對夫妻僅靠著感謝的心情，沒花半毛錢就得到了汽車⋯⋯

　　為什麼會有這樣的好事發生呢？

　　舉例來說，擁有理想的收入、家具、鐘錶、皮包、寶石、夢想的工作、跟喜歡的人結婚等，當你靠自己的努力得到這些，應該很高興吧。那麼，假如這些是家人或朋友突然贈送給你，而且不求任何回報、不帶任何企圖的話，你又會有什麼感覺呢？大概會心懷感激地說：「咦？真的可以收下嗎！？太謝謝你了！」

　　吸引力法則不只針對你想要的事物。這個法則的精髓，是你的頻率會和相同頻率的事物產生共鳴，互相吸引。換言之，感受有人突然送你想要的東西時心中充滿感謝的心情，並在當下反覆說謝謝，是吸引力法則的重點。這麼做以後，你就會吸引到跟謝謝頻率相同的事物，最終形成能獲得想要事物的機

\ 今天能做的小練習 /

今天請對三個人說謝謝。

制。

在這裡介紹能一直不斷說謝謝的方法。首先找一段完整的時間，數數看一分鐘內能說幾次謝謝，記錄下來。接著再記下開始時間，試著持續說謝謝。一開始沒有謝意也無妨，只要反覆開口說謝謝就好。這方法有個規則，就是途中若說出批評或抱怨，時間就要歸零。之後把結束時間減去開始時間，乘以一分鐘能說的謝謝次數，就是你說謝謝的次數。

雖然反應因人而異，但我聽成為暢銷作家的人說，當他的謝謝次數超過 35,000 次時，就感覺愛和感謝的能量從胸中泉湧而出，使他嚎啕大哭，淚流不止。從那一天起，他的人生就有了明顯的好轉。這段體驗非常有名。在得到這種感覺前，這個方法值得一試。

120

透過改寫潛意識，跟金錢兩情相悅

如果想要錢，不僅要喜歡錢，錢也要喜歡你，就跟談戀愛一樣。只要你花錢的方式讓錢高興，和金錢就能兩情相悅，走向快樂的結局。

有個男性朋友認識幾位 IT 產業的老闆，在他們創業初期提供協助，是那些老闆得以累積龐大資產的幕後功臣。那些大老闆始終記得這份恩情，只要朋友參與對社會有貢獻的事業，他們就會出錢投資。換言之，他們跟我這位男性友人是兩情相悅。當朋友表示「我幫助你一億點」，他們就「我感謝你三億點」。他們就是以這樣的形式，讓雙方的愛不斷循環。

當你覺得「錢是骯髒的」「有錢很麻煩」時，就等於討厭錢。如果你有這種偏見，改寫潛意識會很有用。

先試著從大腦中抽出對金錢的壞印象，寫在紙上。寫完後，把那些壞印象改寫成「有錢可以帶給人幸福」「有錢能對社會做出貢獻」的好印象。

再來，你要出聲念這些句子。以後每次用錢時，也要在心中默念：「製作產品的公司員工、供應原料的人、輸送貨物的人、販售商品的人，真的很謝謝你們！請用這些商品換來的錢，

應用篇｜這種時候就用這個方法　263

―――――― \ 今天能做的小練習 / ――――――

用錢時，請在心中默念：
「感謝所有參與其中的人！」

讓自己幸福吧！」

每天都有用到錢的時候，只要這樣持續下去，潛意識就能改寫成「有錢可以帶給人幸福」「有錢就能對社會做出貢獻」。跟錢兩情相悅後，錢就會順暢地開始循環了。

121

貧窮是疾病，
富足是健康

　　明明想要錢，潛意識卻藏著想遠離錢的念頭。如果你覺得這種念頭非自己所願，那對於把貧窮視為疾病的想法，你又會如何看待呢？請想像治好潛意識的「疾病」，恢復健康的情景。假如你認為把貧窮視為疾病的想法怪怪的，這會是一個好機會。**你可以捫心自問，是不是把貧窮看得正當又美好，卻將富有視為罪惡。**

　　當然金錢不是一切，無形的愛和友情更重要。但與其把錢當成壞人，一味敵視，倒不如跟錢兩情相悅。所以我們要先改寫潛意識，置換成「貧窮是疾病」「富足是健康」的觀念。

　　如果肉體罹患疾病，一般都必須接受治療，差別在於要看西醫還是中醫。等完成治療恢復正常後，就會注意健康，改善生活習慣。同樣的道理，一旦感覺「我沒錢，我好窮」，也必須進行治療。

　　首先要檢查是哪裡出了問題。就跟生病時會看醫生、接受檢查，看結果報告一樣，你要透過製作收支表，掌握何時在哪裡賺了多少、何時在哪裡花了多少。人類對於未知事物會萌生不安，產生壓力，但只要把上述內容做成表格，**加以視覺化，就能減輕不安。**

\ 今天能做的小練習 /

入睡前,請小聲念三次:
「富足是健康。」

只要了解症狀,就能想出適當的治療法。如果家計生了病,就去多找一些療法,恢復健康的富足。

為了維持健康的財務狀況,就算只多 2,000 元也好,一定要養成收入大於支出的習慣。

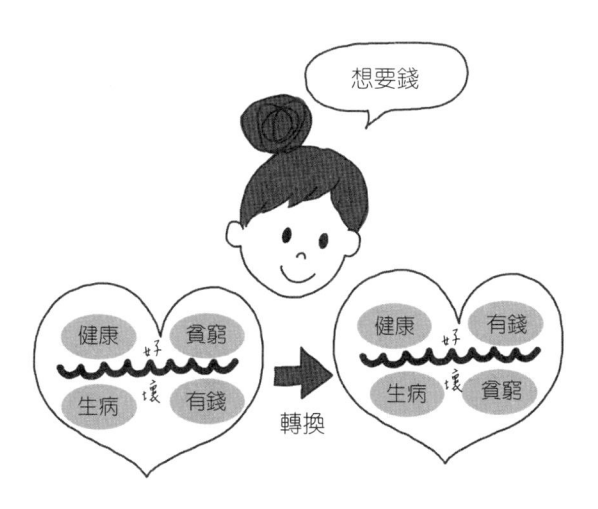

122

如何吸引到想住的房子

　　當你有想住的房子時，可以親自去樣品屋體驗空間的大小和氣氛，並抱著認真想搬進去的心情，繪製屋內的格局和家具擺設。

　　有一次，我找到一間想搬進去的公寓。那裡非常受歡迎，入住機率只有 1/20，若接到電話通知，必須在三天內回覆是否入住。於是我和兒子先討論如果搬進這裡，要如何擺放家具，並畫了配置圖。

　　第一次通知有空出的單位時，我正好不在家，所以沒搬成。第二次則是因為孩子即將升六年級，想讓他在原校畢業，不便轉學，只好忍痛放棄。

　　兒子上國中後，我改變心意，想在新家展開新生活，便親自跑去那間公寓，從入口走進去，體會在那裡生活的感覺。過了一陣子，我接到第三次通知，這次就順利地搬進去了。

　　其實第一次空出的是西側的單位，第二次是北側，第三次則是南側的單位，也正是我想住的那一邊，而且那間剛好就是我用來畫家具配置圖的房型。

　　此外，我也有朋友找到跟夢想的新家一模一樣的房子，最後成功買到並入住。

＼ 今天能做的小練習 ／

在網路上搜尋想要的家具吧。

　　所以請一定要試著畫圖，在格局圖標出家具的位置，或去現場實際體會在那裡生活的感覺。有許多例子都顯示，**內心的頻率會吸引到頻率一致的房子**，讓你實現願望，搬進真正想住的地方。

123

就這樣將幸福擴展至全世界
代替後記

「不用說一堆廢話,想要錢就直接講。有了錢後,就會明白很多道理。」當我在網路廣播聽到日本的搖滾明星分享自己的經驗時,真覺得一針見血,很有說服力。他從一無所有一路爬到現在的地位,是知名的領袖級人物。

有人不僅對錢,而是對一切都抱著「雖然想要,但不期望」的信念。他們總是強忍自己的欲望,努力為別人付出。付出本身是好事,他們在旁人眼中也是好人。然而,人若是得不到滿足,變得不幸,就會吸引非己所願的結果。所以我們要先把注意力放在自己身上,去期盼,去接受,去享受當下。有了錢後,會明白很多道理,其中之一就是**打從心底樂於付出**。

吸引力法則的第一個步驟,就是要滿足自己想要、想做的事物,獲得幸福。但另一方面,總有人嫌已經有的、正在做的不夠,只想著「我要更多」,結果產生匱乏感,變得不幸。這種時候,把注意力集中在付出才是上策。這也是有錢後會明白的道理之一。

埃默里大學有項研究指出,**善待別人時,行善的你跟受惠者一樣,大腦的快樂中樞和獎勵中樞會受到刺激而活性化**。也就是說,行善時不論是付出者還是受惠者,雙方腦內的血清素

> \ 今天能做的小練習 /

請翻到本書第一回,展開第二輪練習。
如果對步驟一已經非常嫻熟,
就從步驟二開始練習吧。

都會變多,提升幸福感。

　　吸引力法則的第二步驟,就是想像我們善待、支援的人露出滿面笑容,對我們說謝謝的場景,讓自己得到滿足,並藉此打造隨時保持心情愉快,幸福洋溢的自己。

　　至於第三步驟,是堅信吸引力法則能讓自己充分得到想要的事物,並且自由地運用這個法則,持續為他人付出。這樣一來,幸福就能擴及到你不認識的第三人身上。

　　將馬斯洛的自我實現心理學進一步發揚光大的偉恩・戴爾博士,曾提出目睹善行的旁觀者,腦內也會出現血清素分泌變多、幸福感和喜悅提升的現象,並稱之為「觀察行善效應」。另外,史丹佛大學的賈米爾・薩奇教授也透過對神經科學的一連串研究,證實**溫柔是會傳染**的。只要看到溫柔和寬容的行為,就很有可能再把善行擴散下去。

　　請不必多慮,儘管去期望,去追求,去得到幸福。一旦能隨心所欲地使用吸引力法則,就會**讓幸福擴散到更多人身上**。

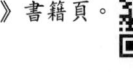

＊有關本書參考文獻，請查詢圓神書活網《願望加速成真》書籍頁。
（掃描 QR Code，可直接進入書籍頁。）

方智好讀 175

願望加速成真：當3分鐘未來日記，遇見吸引力法則

作　　者／濱田真由美、山田弘美
譯　　者／謝如欣
插　　圖／二階堂ひとみ・瀨川尚志（p51、p109、p193）
　　　　　山田弘美（p179、p219、p229、p259、p263）
發 行 人／簡志忠
出 版 者／方智出版社股份有限公司
地　　址／臺北市南京東路四段50號6樓之1
電　　話／（02）2579-6600・2579-8800・2570-3939
傳　　真／（02）2579-0338・2577-3220・2570-3536
副 社 長／陳秋月
副總編輯／賴良珠
主　　編／黃淑雲
責任編輯／胡靜佳
校　　對／胡靜佳・林振宏
美術編輯／林韋伶
行銷企畫／陳禹伶・蔡謹竹
印務統籌／劉鳳剛・高榮祥
監　　印／高榮祥
排　　版／杜易蓉
經 銷 商／叩應股份有限公司
郵撥帳號／18707239
法律顧問／圓神出版事業機構法律顧問　蕭雄淋律師
印　　刷／祥峰印刷廠
2024年12月　初版

JISSEN "HIKIYOSE" TAIZEN
Copyright ©2023 by Mayumi HAMADA & Hiromi YAMADA
All rights reserved.
First original Japanese edition published by Daiwashuppan, Inc. Japan
Traditional Chinese translation rights arranged with PHP Institute, Inc.
through AMANN CO., LTD
Traditional Chinese edition copyright © 2024 FINE PRESS
All rights reserved.

定價350元　　　　　ISBN 978-986-175-822-0
◎本書如有缺頁、破損、裝訂錯誤，請寄回本公司調換
版權所有・翻印必究
Printed in Taiwan

只要描摹「未來日記」，就能讓你開始關注一直存在著、只是自己沒有察覺的事情，和你所期待的世界。

——《3分鐘未來日記》

◆ **很喜歡這本書，很想要分享**

　　圓神書活網線上提供團購優惠，
　　或洽讀者服務部 02-2579-6600。

◆ **美好生活的提案家，期待為你服務**

　　圓神書活網 www.Booklife.com.tw
　　非會員歡迎體驗優惠，會員獨享累計福利！

國家圖書館出版品預行編目資料

願望加速成真：當3分鐘未來日記，遇見吸引力法則／
濱田真由美、山田弘美 著；謝如欣 譯 . -- 初版 . -- 台北
市：方智出版社股份有限公司，2024.12
272面；14.8×20.8公分 --（方智好讀；175）
　　ISBN 978-986-175-822-0（平裝）

1.CST：超心理學　2.CST：吸引力
3.CST：自我實現

175.9　　　　　　　　　　　　　　　113015519